剛柔流拳法師範
佐藤哲治

空手のミートゥディー

「速さ」を超える「早さ」！
千変万化の武術原理

BAB JAPAN

はじめに

前著『沖縄空手の超接近技法 〜剛柔流で解く！ 首里手・泊手のナイハンチ〜』では、武術として伝承された発祥の地・沖縄の空手は、首里手、泊手、那覇手という三大系統の別に関わらず、いずれも超接近戦に通ずるということについて、空手史上の実戦名人である本部朝基《もとぶちょうき》の著書『私の唐手術』に掲載された、本部自身によるナイハンチの型の動きをもとに記しました。

出版に際しては、本部朝基の孫に当たる、本部流の本部直樹先生に、貴重な写真をご提供いただくなどの協力を賜り、無事上梓の折には、お礼方々やりとりをさせていただく機会がありました。

本部先生は、発祥地の沖縄の空手について、史実に基づいた研究をブログ等で広く発信されており、筆者も空手研究の資とさせていただいています。

そんな本部先生には、前著に対して高くご評価いただくことができました。筆者としてほっと胸をなでおろしたものですが、中でも興味深いものとしてくださったことが、剛柔流の夫婦手（ミートゥディー）に関する部分でした。

筆者自身、剛柔流拳法の師である久場良男先生からは、特別に「ミートゥディー」

という言葉を用いてご指導いただいたものではありませんが、個々の技術に対する指導の内容を振り返ると、そのいずれもが左右の手の連動に基づき敵を制する技術につながります。

これに、久場門下の筆頭師範で首里手・泊手にも通ずる新城孝弘先生のご指導も踏まえ、日頃、久場師に指導を受ける剛柔流拳法の技術、特に基本稽古や型の動きを振り返ったとき、そのいずれもが左右の手の連動を活かしたミートゥディーの特徴を持っていることに思い至り、その一端について前著で触れさせていただいたものです。

これについて、本部先生のお言葉を契機に、改めてこれまで師に学んできた技術を、ミートゥディーの視点から整理したのが本書になります。

競技スポーツとして広く世界に普及する「空手道」は、発祥地の沖縄で武術として伝承される空手とは、別のものとしてとらえる見方もあるかもしれません。しかし、ミートゥディーの技術について考えることで、両者があたかも車の両輪のごとく、学ぶ者の武の向上に資するものがあるのではないか。生涯武道を追究していくことの励みとなるのではないか。そんな思いからペンを執らせていただいたものです。

読者の皆様にとって、参考になる部分があったとしたら幸いです。

剛柔流拳法師範　佐藤哲治

CONTENTS

第1章

武術とミートゥディー

誰もが使うミートゥディーの技術

皆さんは「ミートゥディー」という言葉を聞いたことがありますか？

「夫婦手《めおとで》」を沖縄の方言で発音したのがミートゥディーであり、空手発祥の地である沖縄の空手の根本術理ともいえる、とても重要な技術を指す言葉です。

ところが、空手が全世界で1億人以上もの人々が学ぶといわれるほど普及した中にあっても、これを学ぶ者にとってなじみのある言葉ではないかもしれません。仮に耳にしたことはあったとしたとしても、指導を受けたことはないし、実際にどんな技術であるかは、はっきりわからないというのが実態ではないでしょうか。ただ、「おしどり夫婦」という言葉があるくらいですから、互いに助け合い、協力し合うことがイメージできるかもしれません。

その通り。ミートゥディーとは、左右の手をまるで夫婦のように仲良く連動して使うことで敵を制していく技術のことです。そしてそれは、空手発祥地の沖縄で伝承される武術としての空手と、世界中に競技スポーツとして広く普及した空手道とを分ける境界となる技術ともいえます。同時に筆者は、両者をつなぐ架け橋となるものであると考えています。

競技スポーツとしての空手道が全盛の現在にあっては、ミートゥディーを伝える道場はほぼ皆無に近く、ミートゥディーは失伝してしまったのではないかと言われることもあるようですが、なんのなんの、しっかりと残されています。というより、基本稽古や型の稽古をするたびに、誰もが必ずミートゥディーの動きをしているのです。

空手を学ぶ者であれば、基本や型の稽古をしたことがない人は一人もいないでしょう。ということは、空手を学ぶ全ての者は、知らず知らずのうちにミートゥディーの稽古をしたことがあるということになります。そうです。基本稽古を行うたび、型を打つたびに、ミートゥディーの稽古をしているのです。

寸止め、フルコンタクト、防具付き…ルールの如何を問わず、高度に競技化された現代の空手道は、発祥地の沖縄で伝承される武術としての空手とは、ある意味別のものであるという見方もできます。確かに、筆者もそういう一面はあると思います。

しかし、競技スポーツとしての空手道であろうと、武術としての沖縄空手であろうと、日々の稽古の中で基本や型を稽古している以上、意識はせずとも、全ての空手を学ぶ者は、ミートゥディーの動きを大切に繰り返しているのです。筆者がミートゥディーは両者をつなぐ架け橋となるという理由はこれによるものであり、日頃から体に染み込んでいる基本稽古や型の動きを見つめなおすことで、競技スポーツとしての空手道から武術の世界に入っていくことができると考えています。

競技生活を引退すると、空手の稽古自体もやめてしまうということをよく耳にします。しかし、たとえ競技生活を終えたとしても、その中で学んできた動きが、空手本来の武術としての技術につながり、それを磨いていくことで、自らの武をさらに高めていくことができるとするならば、生涯武道を追究していく上での大きな励みとなることでしょう。当然ながら、競技を通じた強さを志す若者たちにとっても同様であるはずです。

本書では、筆者が学ぶ沖縄古伝剛柔流拳法を通じ、発祥地の沖縄で武術として伝承される空手において、今も受け継がれるミートゥディーの技法について見ていきます。そして、生涯にわたって追究していくべき武道としての技術の一端について、考えていきたいと思います。

達人技、説明のつく部分とつかない部分

空手道、テコンドー、ボクシング、キックボクシング…etc．それぞれの格闘競技の中で頂点を極めたチャンピオンたちの強さは計り知れません。しかし、競技である以上、どんな無敵のチャンピオンであっても、いつかは引退というものを迎えるときが来ます。

ボクシングなどのトップ選手の強さは想像を絶する。しかし、いつかは引退のときが訪れるのが宿命だ

一方、武道の世界においては、年齢を重ねた老師が若者を翻弄してしまう。どう飛びかかっていっても敵わない、といったことがあります。一つひとつの動きは決して速いように感じられないのですが、どういうわけか、どうやっても老師に制されてしまうというものです。

そうした不思議な力について、「呼吸を読む」「空間を支配する」「心をとらえる」とか、いろいろな

武道の世界には、年齢を重ねて修練を重ねるほどに、体力に勝る若者をも圧倒する奥深い術理が存在する（写真：大東流合気柔術・佐川幸義宗範）

説明がなされます。筆者自身、師匠と相対したときの経験から、武道の達人には、言葉には表現できない何かがあると感じます。しかし、そうした「何か」は文字通り言葉で表現できないものであり、武術、武道に関して多くの人が研究し、多くの書籍が出版されてはいるものの、納得できる説明に筆者は出会えていません。

おそらくは、言葉で説明のできない、達人だけが到達し得る境地があるのでしょう。その点について、筆者は何かを語ることができる者ではありません。子供のころに抱いた「強くなりたい」という単純で素朴な夢を未だに忘れることができず、50歳を過ぎても、毎日試行錯誤しながら空手の稽古に没頭する者に過ぎないからです。

ただ、そんな凡庸な筆者が、沖縄古伝剛柔流拳法を学ぶ中で、これなら年齢というものに関わらず、というより、年齢を重ね、修練を重ねるほどに熟達し、身につければ壮者に対しても引けを取ることがないであろう技術として、その理由の説明を言葉で試みることができるものがミートゥディーといえます。それは空手を学ぶ者なら誰もが、知らず知らずのうちに基本や型を繰り返す中で稽古しているものなのです。

ルールの違うボクシング

現代の競技空手には、東京2020オリンピック（2021年開催）に採用されたいわゆる「寸止め」ルールに加え、顔面への手による攻撃を除いて体に直接打撃を加える「フルコンタクト」、防具を着用しての直接打撃でポイントを競う「防具付き」、さらにはキックボクシング

競技空手の主なルール

防具付きルール

寸止めルール

グローブ着用ルール

フルコンタクトルール

のようにグローブを着用して顔面への攻撃も認める「グローブ着用」ルールなど、多種多様な競技ルールが存在します。一口に「空手」といってもさまざまです。

また、空手以外の武道や格闘技にも、テコンドーや日本拳法、ボクシング、キックボクシングなど、さまざまな形態があり、それぞれのルールに基づいて競技を行っています。

それらには、当てる当てないなどのルールの違い、防具を付けるか素手素面で行うか、あるいは道着を着用するかトランクスを履くかなど着衣の違い、さらにはマットの上かリングの上かなど、さまざまな違いがあります。それらは一見別物のように見えるでしょうし、実際に別の競技形態となっています。

しかし、これら各種格闘競技の本質を見たとき、本当にこれらは全く別のものなのでしょうか？競技形態こそさまざまですが、いずれも突きや蹴りを中心として攻防を展開し、勝敗を決する格闘技であることは共通しています。

もちろん、それぞれ異なる「ルール」という枠を設定することで、高度に発達する技術があります。ボクシングにおいては、グローブを着用し、掴みを禁じ、拳、ナックルによる攻撃だけに限定したルールを設定したことが、パンチの技術を極限の域、芸術ともいうべきレベルにまで高めています。

同様に、どの格闘競技であっても、それぞれのルール設定があるからこそ、その中で有効な技術が磨き上げられてきたものでしょう。それぞれのスタイルにおいて磨き上げられてきた珠玉の技術に接するたび、その素晴らしさにため息がでるほどです。

しかし、こうした各種格闘競技のすごさ、素晴らしさをリスペクトした上で、誤解を恐れず言うのであれば、これらの格闘競技は、いずれも一定のルールの中で、突き蹴りを中心とした攻防で勝敗を競う競技スポーツであり、打撃を使って相手を倒すための戦い、いわば「ルールの違うボクシング」であるものとして筆者はとらえています（ただし、組み技等を含み、ルール上の制約が極めて少ない総合格闘技は含みません）。

そんなことを言うと、「あなたが学ぶ沖縄の空手だって、打撃を使って戦うものではないのですか？」と思われる方もいらっしゃると思います。確かにその通りです。しかし、各種格闘競技と武術としての空手の間には、ルールによる制約の有る無しという決定的な差異があり、それが技術の上でも決定的な違いにつながっています。ミートゥディーは、その違いの核心ともなる技術です。

「腕を伸ばして戻す」が一つの突きではない

ボクシング、キックボクシング、あるいは寸止めの空手であれ、フルコンタクト空手であれ、こうした各種格闘競技においては、いずれにも共通した基本技術として、技の呼び方はさまざまですが、いわゆる「ワン・ツーパンチ」「順突き・逆突きの連突き」があるでしょう。各種ルールの違いにより、そのパンチングテクニックはさまざまに発展しているにしても、いずれもこのワン・ツーパンチが基本になっているはずですから、これを例に話を進めていきます。

このワン・ツーパンチとは、左前のオーソドックス構えであれば、左右のパンチ、突きを連続して繰り出す技術です。

これをもう少し細かく見るならば、左のジャブであっても、続く右ストレートであっても、それらはいずれも、構えた位置から腕を伸ばして元の位置に戻すという動作で成り立っています。ここで、腕を伸ばして戻すという一連の動作は、原則として、敵に対して一つの打撃を加えるということに対応します。

格闘競技のチャンピオンと初心者では、ワン・ツーパンチのスピードと威力に天と地の差がある。ただし、「腕を伸ばして戻す」ことに変わりはない

習熟すれば目にも止まらぬスピードで、強烈なワン・ツーパンチが敵を襲うことになりますが、この「腕を伸ばして戻す」という動きが、一つの攻撃となるということは、初級者から熟練者、チャンピオンまで共通した動きの基本原則となります。

そして、この腕を伸ばして戻すという動き（パンチ・突き）のスピードと威力をいかに高めるかということが、ボクシングを始めとした各種格闘競技を学ぶ上で、とても重要になります。それは、ルールの違いにより、当てようと、当てまいと、素手であろうと、グローブを着用しようと、あるいは順突き・逆突きと呼ぼうと同様です。

ルールに違いはあっても、いずれもこうした根本原理を同じくする格闘競技だという意味で、失礼を承知で表現をさせていただいたのが「ルールの違うボクシング」ということです。根本原理を同じくするからこそ、空手を学んだ者がボクシングに転じ、ボクシングを学んだものがキックボクシングに転ずる、あるいはその逆もある、ということが見られるのでしょう。これらは全く別物であり、レベルが上がるほどその違いが顕著になるという意見もあるかもしれませんが、戦うということに違いはありません。

ともあれ、こうした一定動作のスピードと威力というものは、鍛錬を重ねれば重ねるほど向上していくものの、人間である以上、当然ながら、一定の年齢に至るに際して衰えていくものです。どんなに偉大なボクシング、キックボクシング、空手などのチャンピオンであったとしても、いつかは選手としての引退というときが訪れます。

しかし、例えば「腕を伸ばして戻す」という、どの格闘競技にも共通した基本の動きの価値が、年齢と体力に左右されるスピードと威力のみによって決まるものではないとしたらどうでしょうか。

ルールの制約があるからこそ、「腕を伸ばして戻す」動作の目的は、敵に対して一つの打撃を加えるということに限定されます。現代の各種格闘競技を見慣れた我々は、そもそもこの「腕を伸ばして戻す」パンチ、突きという動作が、敵に打撃を加えるものだという固定観念に縛られているかもしれません。しかし、ルールの制約がないとしたならば、「腕を伸ばして戻す」という動作は、もっと幅広い応用に展開していくはずです。そしてそれは、状況に応じたさまざまな技術への変化につながっていきます。

すなわち、「腕を伸ばして戻す」という往復の動きが、ただ一つの攻撃にとどまるものではなく、伸ばす往路と戻す復路で別々の技術を展開していくこともあれば、往路だけで攻撃と防御を兼ねていたり、復路だけで防御と攻撃を兼ねることもある。あるいは「伸ばして戻す」という往復の動きの一方を省略してしまう。往路か復路のいずれかを省略するのだから、早くなるのは当然です。しかも、省略すること自体が威力にもつながってしまう。

このように、ルールという枠を外した世界、すなわち自らの体の全てを使って自由に技術を展開することのできる武術においては、「ルールの違うボクシング」と一括りで表現した各種格闘競技とは、全く異なる前提の上に技術が構築されていきます。

その根本となる技術がミートゥディーであり、もちろんスピードと威力は武術においても重要なのは当然ですが、それだけに頼らない。一つの動きが状況に応じてさまざまな技術に変化していくということを学ぶからこそ、自身の技術の幅を広げ、さらなる向上へと、年齢を重ねても生涯向き合っていくことのできる「武道」につながっていくものです。

第2章

ミートゥディーの特長

ミートゥディーの技法

既述の通り、ミートゥディーとは、左右の手が夫婦のように連動して敵を制する技術のことです。夫婦のように連動するといっても、左右の手を連動させるという意味だけに理解してしまったら、ボクシングの左右の多彩なコンビネーションブローもミートゥディーなのかということになりますが、それは少し違います。ミートゥディーの技術は、素手の両手を用い、ルールの制約のない戦いにおいて、効果的、効率的に敵を制するという観点から、各種格闘競技とは異なる原理に則ったさまざまな技術に変化していきます。

ミートゥディーについて考えるに際し、空手の先達が書き残した文献資料はあまり多くはありません。しかし、その素早い身のこなしから〝本部サールー〟と謳われた本部朝基が昭和7年に著した『私の唐手術』に、ミートゥディーにかかる記述があります。本部朝基は琉球王国末期に生まれ、明治、大正、昭和にかけて活躍した武人で、昔の那覇の遊廓街であった辻で行われた掛け試し（カキダミシ）という実戦で無敵とされた武人です。

その記述は、前著でも引用させていただいた部分ですが、ミートゥディーを考える上で非常に重要な資料であるため、本書においても引用させていただくとともに、その記述と筆者が学ぶ剛柔流拳法の技術をもとに、ミートゥディーの技法について考察を進めていくこととします。

本部朝基の"ミートゥディー"の構え

【夫婦手の型】

実戦の場合には、両手は常に前図の如く、くっ付けて置かねばならぬ。普通夫婦手と称して居る。この両手を如何運用するかと言へば、前の手は前線に立って戦ふので、攻撃もすれば防御もする、即ち突く或いは敵の攻撃を受けはづすと同時に、直ぐ突くので、後の手は常に予備として置くので、前の手で間に合ぬ時に、後の手を以て攻撃もすれば、防御もするのである。この構え方は、普通知らないやうだ。よく構へるのに、片手丈け前方に突き出し、片手を脇腹に付けて、突く用意をなし、前の手を防御即ち死手、後の手を攻撃即ち生手と称して居る方もあるが、実際に適合しない考へ方で、誤れるも甚だしいのである。

斯様な構へ方では、実戦の場合に手遅れとなるおそれがある。攻撃する手は、なるべく敵に近いのが有利で、結局敏活なる活動が出来るのである。この構へ方が、組手に応用せらるゝのを見たら、其効果の偉大なる事を悟られるであろう。

ミートゥディーの原則と変化の特長

前項の本部の記述、及び筆者が学ぶ剛柔流拳法の技術を整理すると、ミートゥディーの技法は、一つの原則のもと、三つの特長のいずれか、あるいはその複数を反映して、さまざまに技術が変化、展開するものとして整理されます。

【ミートゥディーの原則】

左右の手が連動して敵を追い込む

左右の手が夫婦のように連動して動くことで、敵を制していく技術のことをミートゥディーと言っているのですから、これは当然のことです。

ただし、それは各種格闘競技における左右パンチのコンビネーションなどとは異なるものであり、ミートゥディーにおける左右の手の連動の中には、次に掲げる三つの変化の特長のいずれか、あるいはその複数が各所に織り込まれ、これらを駆使することで、状況に応じてさまざまな動きに展開し、まるで詰将棋のように敵を制していきます。

【変化の特長】

①敵に近い前の手が主となる

本部の記述には、「前の手は前線に立って戦ふので、攻撃もすれば防御もする、即ち突く或いは敵の攻撃を受けはづすと同時に、直ぐ突くので、後の手は常に予備として置くので、前の手で間に合ぬ時に、後の手を以て攻撃もすれば、防御もするのである」、また「攻撃する手は、なるべく敵に近いのが有利で、結局敏活なる活動が出来るのである」とあり、敵に近い前の手が主となることを指摘しています。

②同じ手が、受けから攻撃、攻撃から受けなど、さまざまに変化する

前記した本部による記述「前の手は前線に立って戦ふので、攻撃もすれば防御もする、即ち突く或いは敵の攻撃を受けはづすと同時に、直ぐ突く」、また「後の手を以て攻撃もすれば、防御もする」は、左右の手がいずれも、攻撃、防御いずれにも自在に変化するということについても指摘しています。

③一つの動きの中にいくつもの技を包含する

例えばボクシングなどの各種格闘競技においては、パンチにおける、腕を「伸ばして戻す」という一つの動作は、原則として一つの攻撃に対応します。ミートゥディーの場合は、こうした一つの動作の中に、いくつもの攻撃等を含むことが多分にあります。

これは大きく次の四つのパターンに分類されます。

③―1〈逆の軌道〉
③―2〈単一軌道A〉
③―3〈単一軌道B〉
③―4〈跳ね返りの軌道〉

以上、ミートゥディーにおける原則と三つの変化の特長について整理してみました。
次項から、そのそれぞれについて見ていくこととしましょう。

【ミートゥディーの原則】左右の手が連動して敵を追い込む

その名の通り、左右の手が夫婦のように互いを補完し合い、連動して動いていくのがミートゥディーの原則です。

繰り返しになりますが、各種格闘競技における左右のパンチは、腕を「伸ばして戻す」という一連の動きが一つの打撃に対応しています。仮に多彩なコンビネーションブローがあったとしても、一つひとつの独立し得る攻撃を連続して繰り出すことで、敵を効果的に攻めていくというものです。

一方、ミートゥディーにおける左右の手の動きは、それぞれ独立した打撃につながるものというよりも、いずれかの手がもう一方の手の助けとして、左右同時に何らかの役割を果たす、まさに夫婦のように左右で一対になるという動きであるという点で異なります。

一例を見てみましょう。例えば、互いに左前のオーソドックス構えで向き合ったとします。ここで敵が左のパンチ（ジャブ）を出してきたのに対し、これをパーリングして、同じく左のパンチを返すものとしてみましょう。

まずボクシング等における基本的な攻防を考えたとき、こちら側は右手で敵の左ジャブを払う、すなわちパーリングしながら、こちらも左のジャブを返していきます。

では、ミートゥディーの場合はどうでしょうか。敵の左ジャブを右手を使って払うのは同じ

格闘競技のごく基本的な攻防例。相手の左ジャブをパーリングして、即、左ジャブを打ち返す

であっても、右手の目的はそれで終わりません。敵のパンチを外すと同時に掴んで引き崩します。そうして敵の体勢を崩しながら、続く左の突きのカウンターとしての威力を高めていきます。

グローブを着用したボクシングでは掴む、引っ掛けるということが困難であると同時にルールで禁止されているので、こうした技術につなげていくことはできませんが、素手で行う、し

前頁の攻防と比較し、ミートゥディーを使った例。相手の左突きを払うと同時に掴んで引き崩しながら、カウンターで突きを返す。そのまま取手技法などへと展開していく

かも掴み禁止などのルールの制約のない本来の空手においては、こうしたことは当然です。

さらに言うならば、グローブを着用した場合には、敵のジャブをパーリングしジャブを返して一つの攻防が完結するにしても、ミートゥディーの場合は右手で敵の左手を掴んでいるため、一連の攻防はここで終わることなく、さらに取手など次の展開につなげて敵を制していきます。これについては後述します。

ボクシングなどにおける左右の多彩なコンビネーションブローは、世界戦などを見ればわかる通り、極限の鍛錬を重ねた上で成り立つ究極のスピードと威力を有する至高の技術です。しかし、それはあくまで左右個々のパンチを究極の高速回転の中で繰り出していくというものであり、左右の手が同時に何らかの役割を果たして互いに補完し合うミートゥディーの技法とは異なります。

【変化の特長①】敵に近い前の手が主となる　その1（「引く」を省く）

次に一つ目の変化の特長、「敵に近い前の手が主となる」について見ていきます。本部が言うように、「攻撃する手は、なるべく敵に近いのが有利」なのは当然です。剛柔流

裏受けした前の手を、引かずに底突き。撃破、鶴破より（上級者向けの場合）

拳法の中では、久場師の師匠である渡口政吉師が創作した撃破第1・2（以下、「撃破」）、鶴破第1（以下「鶴破」）の上級者向けの動きや、クルルンファといった型の中で、裏受けをした前の手をそのまま突きにつなげる動作が表現されています。

敵に近い前の手、しかも受けに使った手がそのままの位置から攻撃に変化すると、敵にとっては非常に反応しづらいものになります。これは、受けから攻撃への変化にとどまらず、攻撃から受けへの変化であっても、また受けから掴んでの崩しなどへの変化であっても同様です。こうした技法の変化ついては、二つ目の変化の特長の中で触れることとして、ここでは前の手を使うことの重要性について、もう少し見ていきます。

ボクシングやキックボクシングなど、一般に打撃を伴うどの格闘競技を習ってみても、基本中の基本として教えられるパンチはジャブ、すなわち前の手によるリードパンチです。ボクシングにおいて、左（ジャブ）を制する者は世界を制するとまで言われるくらいですから、前の手における攻撃の重要性は誰もが認めることでしょう。

オーソドックススタイルから放つ、ボクシングの左ジャブ。前の手の重要性は空手と共通だが…

当然ながら武術としての空手においても同様です。しかしそれでは、本書は武術としての空手の技術を語ると言っておきながら、結局は同じではないか、ということになってしまいます。ここでは、同じ前の手を重視するとしても、ボクシングなどの格闘競技と武術としての沖縄空手とは、前の手の使い方においてどういう違いがあるのか、ということについて見ていきます。

まずはボクシングにおけるジャブを見てみると、より相手に近い前の手を利用して、間合いをはかったり牽制したりといった役割を果たしていきます。レベルの高いボクサーであれば、あるいは相手との実力差があれば、前の手1本でも、単発のジャブに加えて、ダブル、トリプル、あるいはジャブから同じ手でフックやアッパーにつなげるなど、前の手1本で試合を支配してしまいます。一流ボクサーのこうした技術は、見ていてほれぼれするほどです。

　ボクサーのこうした前の手による攻撃を見てみると、突いたパンチを素早く構えた元の位置に戻し、すぐさま次のパンチを放ったらその拳は元の位置に戻って来て、さらに次のパンチへとつなげていきます。レベルが上がれば上がるほどそうした回転が速くなり、目にも留まらないほどになります。

　しかし、レベルの如何に関わらず、つまり初級者であっても世界チャンピオンであっても、構えた位置から腕を「伸ばして、戻す」という動作は変わりません。ダブル、トリプルとつなげるにしても、この「伸ばして、戻す」動作を連続しているものであり、世界チャンピオンのダブル、トリプルはこうした運動を極限まで磨き上げたものといえます。

　これに対し、上級者の撃破、鶴破における前の手による連続技は、引かずに行います。前の動きが終わったその位置から、手を元の位置に戻す「引く」という動作なしに、しかも交錯した至近距離から繰り出されるため、敵にとっては非常に反応しづらいものになります。

　こうした技術は、ボクシングを始めとした格闘競技の「速さ」を極限まで追究した技術とは異なり、そもそもの「引く」という一つの動作、手順を省いたことによるいわば「早さ」というべきものです。

よく、武術、武道の達人の技術は、年齢を重ねても衰えないといわれます。超一流のボクサーであっても、必ず引退のときが訪れます。パンチを打つという、腕を伸ばして引く動作のスピードを究極まで磨き上げてきたのですから、年齢を重ねることにより衰えていくということには抗えません。

しかし、ミートゥディーの変化の特長の一つである「敵に近い前の手が主となる」ということは、スピードを磨くということとは異なり、敵が反応しづらい至近距離から、しかも一つの手順を省くことにより、早く次の展開につなげていくということになります。これは、武術、武道の達人が、年齢を重ねても「早い」ことの一つの説明です。

ただ、このように「引く」という動作を省き、「早さ」を得た上で、なおかつ敵を倒すだけの威力を秘めた技とするためには、それなりの鍛錬が必要です。

次項では、技を威力あるものにしていくための、剛柔流拳法における撃破、鶴破、クルルンファといった型の稽古を通じた、段階を追った稽古法について解説していきます。

撃破、鶴破の終盤。初級者に限っては、一旦、両手を脇に引き、前進しながら突く

【変化の特長①】敵に近い前の手が主となる　その2（重心の移動）

撃破、鶴破におけるこの動作は、型の終盤に出てきます。斜め方向に裏受けをした後、上級者は前進とともにそのまま引かずに双手で突き出します。このとき、前になる底突きが、「敵に近い前の手が主となる」動きです。一方、この際初級者は、一旦、両手を脇に引いてから突きます。

クルルンファにおいては、型の前半で、斜め前方向に裏受け（裏打ち）したところから、みぞおちの前に置いた開手で押さえつつ、裏受け（裏打ち）した前の手を一旦引いて、踏み込みながら揚げ突きにつなげる動作です。

クルルンファの前半。前手の裏受け、後手の開手で押さえつつ前手を引いて、揚げ突き

ここで読者の皆さんは、「あれ？　ミートゥディーは引かないから早いとか言いながら、引いているではないか？」と思われることでしょう。この一旦脇に引く形の初級者向けの撃破、鶴破の動きは、「引かない」動きを身につけていくための、稽古の過程の動きです。クルルンファにおいては、型としては引く動きで伝わっていますが、実用の際は引きません。

上級者が行う引かない動きの意図するところは、敵に近い前の手により、手のある位置から予備動作なく、重心の移動を利用して、近い距離から威力ある突きを繰り出すということです。ただ、初級者は最初からそうしたことはできません。まずは一旦拳を脇に引いてから突き出すことで、長い距離の中で正しい突きの軌道、チンクチ、ガマクといった筋肉の使い方を学んでいきます。このような初級段階の動きは、各種格闘競技の動きの原則と変わらず、引かない動きに移行してこそ、武術の稽古に入っていくことになります。

こうした型における動きの変化は、敵に近い前の手を引かずに使えるようにするための稽古方法であって、武術としての技術に昇華させていくためのカリキュラムであるのです。

そして、ここで重要なことは、体の前進とともに突く、すなわち、重心の移動を突きの威力につなげるということです。敵に近い前の手を引かずに使うといっても、それに威力がなければ意味がありません。

前進するということは、やっている本人が思うよりも、実は非常に大きな力を秘めています。街の雑踏の中ですれ違いざまに人と肩がぶつかると、大きく体勢を崩すことがあります。特に何も技を出すわけではなくても、60キロ、70キロといった肉の塊が転がってくるだけで、大きな威力があるのです。

そうした威力を、拳という一点に集中する。熟練してくると、前進に合わせて拳を握りこむだけで、その力を拳先まで伝えていくことができるようになります。

このように、突き出すという運動の距離、運動量の最小化とともに、威力の源は前に進む体重の移動によるものですから、筋肉の運動に頼った動きとは質が異なります。これは年齢を重ねても衰えるものではなく、むしろ長い年月の中で稽古を重ねるほどに熟練していく技術であり、同時に、最短距離から予備動作なく、しかも大きな威力を生み出す技術となります。

【変化の特長②】同じ手が、受けと攻撃などさまざまに変化　その1（打ちから崩しへ）

本部は、「前の手は前線に立って戦ふので、攻撃もすれば防御もする、即ち突く或いは敵の攻撃を受けはづすと同時に、直ぐ突く」、また「後の手を以て攻撃もすれば、防御もする」としています。つまり、いずれの手も攻撃、防御のいずれにも変化するということ。それは、掴み、崩し、極め、投げなど、自在に変化していきます。

同じ手が変化するということについては、やはりボクシングでも、左ジャブから左フック、さらに左アッパーなど、ダブル、トリプルと、同じ手が多彩なパンチに変化します。

しかしこれは、これまで述べてきたように、同じ手の変化であっても、ジャブを打って元の構えの位置に戻し、そこからフックを打ち、再び元の構えの位置に戻ってアッパーを打つという、三つの個別な動きを連続させたものであると同時に、三つの個別な動きは、いずれもパンチから次のパンチ、また次のパンチへと「パンチ」という攻撃を連続して繰り出すものです

一方、ミートゥディーの場合は、同じ手による連続した動きということは共通していても、

一つ前の動き、例えば攻撃が当たったときの手の位置から手を引き戻すことなしに、さらなる打撃、受け、掴み、崩し、極め、投げなどへ、その状態を活かして敵を制するための最適な動きに変化します。だから早いし、熟練すればするほど確実に敵を追い詰めていくことができるようになります。

一例を挙げてみましょう。敵が左で突いてきたとします。こちらはこれを右掌でパーリング、

相手の左突きを内側に払い、そのまま手刀打ち。手刀打ちを受けられたら、その受け手を掴んで引き崩して、左突き。左突きを拳槌打ちに変化させながら、あおり倒す

内側に払ったとします。このとき、自らの右手の位置は当然内側に寄った位置にありますから、その手を外側に振り出していけば、右の手刀打ちなどの攻撃に変化します。しかし、敵もこれを当然黙って受けてくれるわけではありません。ここでは、右の前腕でブロックされたとします。ボクシングなど各種格闘競技の中ではオーソドックスな受け方です。

しかし、ブロックされたからといって手刀打ちは失敗に終わったというわけではありません。その手は敵のブロックに触れた瞬間に掴みに変化して敵を引き崩し、そこへ左の突きを突き込みます。敵は不意を突かれただけでなく、手刀打ちなどから転じた右手により引き崩され、押さえられているのですから、続く左の突きを避けることは困難になります。

さらに、突いた左手が拳槌打ちに変化したとすれば、そのまま敵の顔面をあおり倒して制するということにもつながります。

こうした一連の流れの中で、右手は、受けから攻撃、さらには掴みから崩しへと、敵を追い詰めるように変化していきます。同じ手の状況に応じた変化は、掴みが禁止された、あるいはグローブを着用した各種格闘競技の中では発達していくことが難しく、そうした格闘競技と武術を隔てる技術的な違いにつながっていきます。

【変化の特長②】
同じ手が、受けと攻撃などさまざまに変化 その2（受けから突きへ）

剛柔流において、型に含まれた技術を解釈する上で、ミートゥディーの【変化の特長②】を欠かすことができない動きがあります。それは、基本型である三戦《サンチン》に出てくる、三戦立ちで双手中段受けをしたところから、突きを繰り出す動きです。

三戦立ちで、双手中段受けから、引いて突く

剛柔流の基本たる三戦の核心となる動きですが、これはセイサン、サンセールー、スーパーリンペイ、そして会派によっては転掌にも含まれていますし、前述の撃破にも出てきます。また、シソーチンや鶴破には同じ動きが貫手として出てくるなど、剛柔流の多くの型の中に見られる動きです。こうしたことを見ても、これが剛柔流においていかに重要な動きであるかということが理解されます。

では、この動きのどこが、【変化の特長②】につながるのでしょうか？　それは、型に含まれる技の実用法を見ることで理解できます。筆者の師である久場良男師は、これを型の裏分解として公開しました。

前記した型のいずれもが、型の冒頭で右足を三戦立ちに踏み出しつつ双手中段受けを行うところから始まりますが、三戦は基本型として正しい筋肉の使い方、呼吸法などを練るものであり、分解はしないものとされているため、ここではセイサンの裏分解として解説することとします。

もちろん、型の動きの応用は幾重にも広がっていくものですから、裏分解も一つに固定されるものではありません。これは剛柔流拳法の中で基本となる裏分解例です。

1

2

3

右中段外受けと同時に、相手の右手も制する。そして、右の中段外受けが突きに変化

まず、型の動きとしては、前足となる右足に対して、後ろとなる左手で中段を突いていきますが、裏分解においては、このときの突き手は右手となります。

敵が左手で突いてきたとしましょう。これに対し、右足を前に踏み込みつつ右中段外受けで受けますが、当然ながら敵は続けてもう一方の右手で突いてきますから、これに備え、右中段外受けと同時に左手で敵の右手を制します。ここから、中段外受けをした右手は、そのまま突きに変化します。

一般的な分解では、型の見た目通り、受ける手は受ける、突く手は突くものとしていますが、そのように理解したならば、筆者の言う「ルールの違うボクシング」の原理と変わりません。言葉の上で武術と言ったとしても、技術の構成は各種格闘競技と同じということになります。

しかし、型に含まれる技術の実用法である裏分解においては、受けた手がそのまま攻撃に変化するのであり、ミートゥディーの【変化の特長②】が如実に表れた技術となっています。固定観念にとらわれない発想が、ミートゥディーの自在な変化につながっていきます。

【変化の特長③—1】
一つの動きにいくつもの技を包含〈逆の軌道〉

次に三つ目の変化の特長「一つの動きの中にいくつもの技を包含する」です。それは、一つの動きの中に、いくつもの技が同時に、あるいは連続して組み込まれるということです。

これはさらに、大きく分けて四つのタイプに分類されます。

一つに、空手の基本稽古における突き技のように、一拍子の中で一方の手を突き出し、もう一方の手を脇に引きつけるような逆方向へ向かう軌道を活かした技術があります（【変化の特長③―1】〈逆の軌道〉）。

また、組手の構えから突きを繰り出すときのように、腕を「伸ばして戻す」という動きにおける、伸ばすという往路一方向、あるいは戻すという復路一方向といった単一軌道の中に複数の技を包含するもの（【変化の特長③―2】〈単一軌道A〉、【変化の特長③―3】〈単一軌道B〉）もあります。

そして、伸ばした手を戻すという往復の動きの中で、往路、復路、それぞれ別方向の軌道を活かして別々の技を展開していくもの（【変化の特長③―4】〈跳ね返りの軌道〉）などがあります。

本部朝基のミートゥディーについての言及は、先に引用した部分のほか、ナイハンチの型の中盤に出てくる挙動を示した第17図（次頁参照）における解説として、「これ敵より突き込まれたるを受ける意、所謂夫婦手を型化せるなり」というものがあります。三つ目の変化の特長における四つのタイプのうち、〈逆の軌道〉〈単一軌道A、B〉については、この第17図を通じて解説していきます。

相手を引き崩しながら拳槌打ち〈逆の軌道〉

本部朝基『私の唐手術』の第17図

まず、【変化の特長③―1】〈逆の軌道〉です。第17図について本部は、「敵より突き込まれたるを受ける意」としていますから、それに従って解釈してみます。

まず、敵が右の中段突きを放ってきたとします。これを右手（中間動作では両手）で押さえると同時に、敵を引き崩しながら左の拳槌を打ち込みます。左右の手が連動したミートゥディー技法です。古いナイハンチの型では、この際の右手は開手であったともされるようであり、敵の攻撃を押さえる、捕らえる形を表現したものでしょう。

『私の唐手術』の中で、本部はこうし

た形を反映した技術の写真をいくつも残しています。このような左右の手の連動が如実に表現された形を称して、「夫婦手を型化」したものと説明したのかもしれません。

いずれにしても重要なのは、敵の中段突きを捕らえて引き崩しながら拳槌を打ち込むということです。後方に引く右手と前方に繰り出される拳槌打ちは、一つの一体的な動作でありながら、力のベクトルは逆方向に向かいます。

体幹の右回りの動きを左右の手に連動させる

ただし、体幹の動きとの関連で見てみると、逆方向へ向かう左右の手はいずれも右回転（時計回り）の体幹の動きに誘導されます。一つの体幹の動きを巧みに逆方向への動きにつなげているからこそ、左右逆方向への動きを効果的に連動させることができます。

当たり前のような技術ですが、こうしたことが可能になるのも、グローブ着用、掴み禁止などのルールの制約がないからこそです。

敵の攻撃をブロックする、ここまでならボクシングなどの各種格闘競技と同じですが、ブロックに使った右手は、さらに掴みから崩しへと変化し、前に出てくる敵の勢いを利用しつつ引き崩すと同時に、そうすることで引き手とは逆方向へ繰り出す拳槌打ちの威力を一層高めていく。これがミートゥディーにおける【変化の特長③】「一つの動きの中にいくつもの技を包含する」の一つ目のタイプであり、本書では〈逆の軌道〉としておきます。

空手における、拳を脇まで引きつけながら突き込む基本稽古は、〈逆の軌道〉を活用したミートゥディー技法につながる稽古法といえるでしょう。

【変化の特長③—2】
一つの動きにいくつもの技を包含〈単一軌道A〉

前項で見た〈逆の軌道〉では、左右の手は文字通り逆方向に向かいますが、体幹の動きは一方向、つまり右回り（時計回り）の体の捻りを利用したものでした。

次に、第17図について、ナイハンチの型演武における体幹の動きに対してより忠実に、左回り（反時計回り）の体幹の動きにおける技法の変化に着目してみましょう。「一つの動きの中にいくつもの技を包含する」という【変化の特長③】における、別タイプのミートゥディーの特長が見えてきます。〈単一軌道AとB〉です。

本書では、単一軌道の中で両手を同時に用いるものをA、単一軌道の中で一方の手がいくつもの技に変化していくものをBとします。


まずは〈単一軌道A〉です。第17図は、左手で拳槌打ちを振り出すような動きと右手で鈎突きを放つような動きを同時に繰り出す様子が表現されています。

「ような動き」と言うように、左右いずれの手も一つの技に固定されるものではなく、本来さまざまな技術に展開していくものですが、ここでは話をわかりやすくするために、見た目通り単に拳槌打ちと鈎突きであるものと単純化して話を進めます。ボクシングを始めとした各種格闘競技におけるワン・ツーパンチとの違いをわかりやすく比較するためです。

まずは、パンチ技術の粋を極めたともいえるボクシングのワン・ツーパンチを見てみましょう。ボクシングの基本技術であると同時に、高度なレベルにまで磨き上げられた世界チャンピオンクラスのワン・ツーは、まさに目にも留まらぬほどのスピードと威力を有します。

こうしたワン・ツーパンチは、文字通り左、右という二つのパンチ（突き）から構成されます。最初のワンの左パンチは、右方向へ向かう体幹の捻りに誘導されます。次にツーの右パンチは、左方向へ向かう体幹の動きに誘導されます。つまり、逆方向へ向かう二つの動きを組み合わせた、2挙動の動きです。目にも止まらぬ速さを有する世界チャンピオンのワン・ツーパンチも、こうした2挙動から構成されることに変わりはありません。

ワン・ツーパンチでは、体幹の右回りと左回りの二つを速く行う（２挙動）

次に、第17図の拳槌打ちと鉤突きの動きについて見てみましょう。左右の拳による攻撃ということは同じですが、左手の攻撃は拳頭による突き技ではなく、拳槌を振る打ち技になっています。この動きは、各種格闘競技におけるワン・ツーパンチのように、左右の手がそれぞれ別々の方向に向かう体幹の動きに誘導されるものではなく、左右の手が同じ左方向に向かう体幹の動きに誘導されるものであり、左右の技を1挙動で繰り出しています。

体幹の左回りに、拳槌打ちと鉤突きが同時に連動する（１挙動）

これは、ボクシングのように拳槌による攻撃を禁止されているのではない、つまり、ルールによる制約がない武術だからこそ容易になる技術です。

ボクシングでは拳の使用部位を拳頭（ナックル）に制限したからこそ多彩なパンチングテクニックが極限まで発展したという部分がありますが、一方で使用部位を制限することは、技術を限定することにもつながります。

ボクシングにおけるワン・ツーパンチと同じく左右の拳を使った攻撃でも、拳槌部分を使用することによって、一つの体幹の動き、一挙動の中にいくつもの攻撃を包含する技術が生まれてきます。

空手は自らの体のあらゆる部位を使う武術です。だからこそこうした一つの動きでいくつもの攻撃を含んだ技術が成立するのであり、それが競技スポーツとしての「空手道」を含めた各種格闘競技と、発祥地の沖縄で伝承される武術としての空手の違いの一つです。それは、戦いにおける技術の幅を広げるということであり、ミートゥディーにおける変化の特長の一つであるといえるでしょう。


第17図のように「夫婦手を型化」した技術表現は、ナイハンチならずとも、空手の型の各所に出てきます。剛柔流の型でいえば、例えばサイファーの冒頭に出てくる手解きの動きや、セーユンチンの両手受けの動きなどがあります。いずれも自らの手に、もう一方の手を添えた形です。

これらの例は、型において取手のミートゥディー技法を表現したものです。〈単一軌道A〉は、

サイファーの冒頭。自らの手にもう一方の手を添える動きは、取手を表現している

サイファー冒頭の分解。掴まれた手を捻りつつ両手を連動して引き、逆を取る

打撃ばかりでなく、取手技法の中にも表れてくるということです。

　まず、サイファーの冒頭に出てくる手解きの動作について見てみると、握った拳は敵に掴まれたことを意味し、添えるもう一方の手は、敵の手を捕らえていることを意味します。自らの拳に添えるのは一人で演ずる型だからこその様式表現です。

　そこから、掴まれた拳を捻りつつ両手を引きますが、この動

セーユンチンの両手受けの分解。中段外受けをもう一方の手で補助し、掴み崩して突く

セーユンチンの両手受け

きによって、敵の掴みを外すと同時に逆を取ります。すなわち、左右の手を連動させて同じ方向に引く動作の中で、握った拳を捻ることにより敵の掴みを緩め、添えた手で外すとともに手首を極めるという、一つの動きの中でいくつもの技を包含する、〈単一軌道A〉の特長を活かした取手技法となります。

セーユンチンの両手受けの形も、型としては自らの手にもう一方の手を添えていますが、実際は中段外受けの補助として両手で敵の攻撃を受け流します。これも〈単一軌道A〉の特長を活かした技術です。そこからさらに掴んでの崩し、打撃に変化します。

前項で、体の使用部位を制限されることがないことが、〈単一軌道A〉の特長を活かして戦いの技術の幅を広げていくことを記しました。ルールの制約がないということは、体の使用部位ばかりではなく、技術の使用法にも制限がないということです。

ミートゥディーにおける左右の手の連動は、打撃だけに限るものではありません。手解き、手解きから取手、投げ、固めといった技法の展開など、さまざまな場面における活用へと、技術の幅が広がっていきます。

逆に、こうした技法の展開につなげていくことができなければ、空手を練ったことにはらないでしょう。試合で勝つための稽古を優先させなければならない競技選手としての現役時代には、こうした部分まで踏み込んで稽古する余裕はないかもしれません。しかし、競技を引退した後も、型の中に秘められた空手本来の技術をじっくり研究、稽古していくことで、自らの武を一層高めていくことができます。

競技からの引退は、空手修業の引退なのでは決してなく、新しい研究、稽古の始まりなのです。そうした研究と稽古には終わりはありません。なればこそ、大好きな空手を生涯現役として追究していくことができるでしょう。

【変化の特長③—3】
一つの動きにいくつもの技を包含〈単一軌道B〉

次に、単一軌道の中で、一方の手がいくつもの技を繰り出していく動き、〈単一軌道B〉についてて見ていきましょう。

第17図が示す拳槌打ちを振り出すような左手の動きは、一方の手が一方向への単一軌道の中で複数の技を包含する技法を示しています。もう一度第17図を見てみましょう。

左手の動きです。普通に見れば、拳槌を伸ばして打ち込んでいく攻撃に見えます。しかし、この技は拳槌打ちだけではなく、肘打ちであり、拳槌が伸びたところは文字通り拳槌打ち、そして敵を投げる動作につながっていきます。

「えっ？　拳槌打ちはわかるにしても、これが肘打ちや投げ、しかもそれが一つの軌道で連続した動作には見えないけど…」と思われる方が多いことでしょう。しかし、この動きは確かに、同じ手による一つの技の軌道の中で、肘打ち、拳槌打ち、投げという複数の技術を含んでいます。

どういうことなのか。空手の型の動きを見るとき、一般にどうしても技が極まった最後の形をもって判断しがちです。第17図も技が極まった最後の形を写しています。しかし、型の動作一つひとつの動きというものは、技が極まった最後の形というよりも、むしろその中間動作が重要になります。

そうした視点でこの動きを見てみると、右脇に置いた左手は、左肩を支点として、敵に向かって鞭を振るように伸びていきます。この振り伸ばされる左腕の動きは、左の肘が先導して移動していき、鞭の先端が最後に伸び切るように、肘に続いて腕の先端、拳の部分が伸びていきます。この肘が先導して動いていく部分、これが肘打ちとなります。そして、敵の体に肘が当たると、そこを支点にしてさらに前腕が伸びていきます。これが拳槌打ちとなります。

さらにその流れで前腕を振り抜くと、敵をあおるように投げる動作となります。合気道でいう側面入り身投げに近い動きです。ただし、この一連の動きが敵を投げるという一つの技術に収斂されるのではなく、同じ軌道のその中間で、肘打ち、拳槌打ちを当て、そのままの軌道で敵を投げて制するものとなっています。まさに同じ手の単一の軌道の中で複数の技を含む動きです。

中段内受けした左手は、肘打ち、拳槌打ち、投げ技へと、一つの軌道でつなげていく

こうした動きは、鈎突きを打ち抜いたそのままの軌道で続けて肘打ちを打ち込む、あるいは、これはボクシングでも見られますが、敵の上段突きに対して、内側から上段受けの要領で外しながらそのまま突き込むといった技術にも広がるものです。ミートゥディー技法における変化の特長の一つといえるでしょう。

ちなみに、こうして第17図の左手の動きを、肘打ち、拳槌打ちから投げにもつながる技術として見たならば、右手の鈎突きと合わせると、一つの動きの中に、最低四つの攻撃技が含まれていることになります。

こうした技術を駆使していくことも、武術の世界では年齢を重ねた熟練者が若い修行者を凌駕するということが起きる理由の一つにつながるのかもしれません。

上段受けから上段突きを、一つの軌道で行う

鉤突きから肘打ちを、一つの軌道で行う

【変化の特長③―4】一つの動きにいくつもの技を包含〈跳ね返りの軌道〉

次に、伸ばした手を戻すという一つの往復運動の中で、往路、復路、それぞれの状況を活かして別の方向から技を展開していく動きについて見ていきましょう。本書ではこれを〈跳ね返りの軌道〉と呼び、肘打ちと裏拳打ちという、撃砕の型の中に表現された二つの技の連続を例に見ていきます。

撃砕の型より、肘打ちからの裏拳打ち

これを個々の技として繰り出すのであれば、例えば構えた位置から肘打ちを打って元の構えた体勢に戻る、そして改めて裏拳打ちを打ち込み、また構えた体勢に戻るという

構えから、肘打ちして構えに戻り、裏拳打ち。格闘競技的なコンビネーションといえる

動きになります。このようにそれぞれを個別に出すのであれば、それは単に肘打ちと裏拳打ちのコンビネーションということになります。

一方、武術としての空手の中では、これを一つの動きの往復の軌道の中で繰り出していきます。

撃砕第1、第2においては、まず肘打ちを打ち上げますが、これが当たれば、当然敵にダメージを与えることができます。そしてこの肘打ちが当たった状態というのは、そのまま拳を振り下ろせば裏拳打ちとなる状態です。

武術としての空手では、肘打ちから構えに戻らず、そのまま裏拳打ちへ。「戻る」の省略が早さとなる

先に紹介した、一挙動の中で逆の軌道、あるいは単一軌道の中に複数の技術が含まれるのとは違い、往路に復路が続き、それぞれ別方向から繰り出される二つの攻撃により構成される技術です。

ただし、「①肘打ち」「②戻る」「③裏拳打ち」というコンビネーションと比べて、「②戻る」というプロセスがカットされ、①→③と至近距離の別方向から連続する攻撃となります。「②戻る」という一つのプロセスが省略される、あるいは、「②戻る」というプロセスそのものが攻撃につながるのですから、早いのは当然です。これも、余計な動きを省いた体力に頼らない技術の一例といえるでしょう。

こうした〈跳ね返りの軌道〉も、体のあらゆる部位を駆使して戦う武術としての空手だからこそ可能になる技術の一つといえます。突き技一つとっても、素手であることの利点を活かし、指先、指関節、掌などさまざまな部位を使った突き技が可能です。それらにおいても、跳ね返りの軌道を駆使して技術の幅を一層広げていくことができます。

中でも掌底突きは、いわゆる「虎口」として、回し受けから両掌底を伸ばす動きの中で、剛柔流の型に頻繁に出てきます。ただ、掌底突きと言ってしまうと、掌底による突き技にしか目が行かなくなってしまいます。現在行われている型の中ではあまり表現されていないようですが、古流の剛柔流の型においては、両掌底を突き出したところで、わずかに指先を曲げる動きが入ります。

上に伸ばす掌底突きを例に見てみれば、この指をわずかに曲げる動きは、目を突く動きを表現しています。すなわち、掌底突きの跳ね返りを利用した目突きを意味します。掌という非常

回し受けから両掌を伸ばす「虎口」では、最後にわずかに指先を曲げる

に小さな範囲の中で瞬時に繰り出される動きですから、実際は掌底と指先による同時攻撃と言ってもいいかもしれません。

「虎口」の最後に指先を曲げる動作は、掌底突きから目突きへの変化となる

いずれにしても、ルールに制約されることのない武術としての空手にあっては、こうした細かな部分においても、一つの動きをそれだけで終わらせません。さまざまな技術へ展開させることで、自らが素手であるという前提の中、それを活かして効果的、効率的に敵を制する技術が構成されています。

第3章

基本稽古に秘められたミートゥディー

いつもの基本稽古から解く

第2章では、ミートゥディーの原則と変化の特長について整理してみました。ミートゥディーというものが、競技スポーツとしての空手道を含む各種格闘競技の動きと、武術として伝承された発祥地の沖縄空手の動きを分ける大きな分岐点であるといえるでしょう。

実は知らず知らずのうちに触れていた武術としてのミートゥディー技法を学ぶことで、体力だけに頼らない、年齢を重ねながら自らの武の向上へと歩んでいける「武道」につながっていくということの一端が、ご理解いただけたのではないかと思います。

ミートゥディーは、空手を学んでいる誰もが毎回の稽古の中で、基本や型を通じて知らず知らずにその動きを反復しているはずのものです。しかし現実的には、これをミートゥディーとのつながりの中で指導している道場は少ないと思います。

誰もが学ぶ空手の基本には、正拳中段突き、上段揚げ受けなど、それぞれの技術に名称が付されています。しかし、そうした一つひとつの技の極まった形で名付けられた名称にとらわれてしまうと、一連の動きに秘められた意味、特に中間動作に含まれるミートゥディーに気づくことはできません。

本章では、空手を学ぶ者なら誰もが普段から稽古している基本稽古、特に受けの基本稽古について見ていくことで、誰もが知らず知らずのうちに学んでいるミートゥディーの技法について解説します。

上段揚げ受け・中段外受け・下段受けとミートゥディー

上段揚げ受け、中段外受け、中段内受け、下段受け…こうした基本の受け技というものは、「受け」という名称が付されているために、受けるがための動作と思われがちですが、実際には「攻撃もすれば防御もする」ミートゥディーに通ずる技術となります。

こうした基本の受け技を見た目の通りに理解すると、腕を交差させてから受ける2挙動の動作など、「本当にこれで受けられるの？」と思えるような、一見無駄にも見える動きで構成されています。

一方で、中段内受けは別のタイプといえる

上段揚げ受け（上写真）、中段外受け（中写真）、下段受け（下写真）は、「押さえ替え」タイプ

確かに、技が極まった形のイメージそのままで解釈したならば、実際に受け技として機能させることは難しく、それこそ、そんなことをしている間にやられてしまいます。ですが、その一見無駄にも見える動きこそが、ミートゥディーにつながっていきます。

どこの流会派でも共通して行っている受け技の基本として、上段揚げ受け、中段外受け、中段内受け、下段受けの四つの受け技が挙げられると思います。これら受け技の基本をミートゥディーの観点から見たときに、上段揚げ受け・中段外受け・下段受けを同じ原理に基づく一つのタイプ、中段内受けを別のタイプとして整理することができます。

まずは上段揚げ受け・中段外受け・下段受けのタイプを見てみましょう。このタイプは左右の手の「押さえ替え」を使うことがポイントとなります。

中段外受けは、脇に引いた拳をもう一方の肘の下から外へ動かす

中段外受けの例で見てみます。まず基本の動作としては、脇に引いた拳をもう一方の肘の下に差し込み、そこから外へ向かうように前腕を移動させていきます。技が極まる最後の瞬間に肘を引きつけるようにするか否かで、松濤館系などと剛柔流では多少（非常に大きな）違いがありますが、ここでは触れません。

この中段外受けは、基本の形としては握拳を用いていますが、初級者として身につけやすい握った形で技の正しい軌道や筋肉の使い方を学んだならば、剛柔流においては、次は開手で掌を正面に向けた形に変化していきます。いわゆる中段掛け受けです。沖縄では、その中間的な形として、握拳を正面に向けた形で中段外受けの基本稽古を行う首里手系の道場もあります。

このように、中段外受けの発展した形が、開手を用いた中段掛け受けになるということは、剛柔流で初級者が最初に習う基本型である撃砕第1と次に習う撃砕第2は、ほぼ同じ手順を追いますが、撃砕第1で中段外受けとしている部分が、撃砕第2では中段掛け受けになっていることにも表れています。

この中段掛け受けの動きを見ることで、中段外受けはもちろん、上段揚げ受け、下段受けを含めたタイプの受け技のミートゥディー技法を理解することができます。

「左中段掛け受け」の例で見てみましょう。左右の手を交差させ、左手を右腕の下から半円を描くような軌道で外側に動かしていきます。

この場合、受けるのは両手を交差させる際の右手です。これはボクシングのパーリングに相当します。これに続いて、交差した左手が直ちに敵の腕を捕らえて引き崩します。

つまり、基本稽古における2挙動動作の1挙動目が受けになっているのです。さらに右手から左手に押さえ替えるという両手の連動により、受けから引き崩しにまでつなげて敵を制して

中段外受けの発展形が、中段掛け受けとなる。左右の手を交差させてから、外側に受ける

中段掛け受けでは、通常は受け手とされる側と逆の手で払い、交差した手で押さえ替えて引き崩し(掛け受け)、反撃へつなぐ

いきます。ここまでくれば、パーリングに使った右手は、突きに行ったり、掴みに行ったりとさらなる変化に展開していくことは自在になります。

単に敵の攻撃をパーリングするだけでしたらそこで終わってしまいますが、こうした押さえ替えによってさらに次の展開へとつなげていく、左右の手が連動したミートゥディーの特長が表れた動きです。

上段揚げ受けも同様に、内側に交差する手で払い、押さえ替えて上段回し掛け受けで引き崩し、反撃へつなぐ

上段揚げ受けのミートゥディーとしての用法もこれと同じであり、内側に交差する手で敵の攻撃をパーリングし、上段に捻り上げる腕は、その捻りを活かして敵の攻撃を受け流し、引き崩していきます。中段掛け受けを上段に上げた形です。

実際、宮城長順《みやぎちょうじゅん》先生が糸洲安恒《いとすあんこう》先生の指導により上段揚げ受けを導入する以前の剛柔流においては、上段に対する受け技は中段掛け受けを上げれば足るものとされていました。

下段受けについても同様で、腕を交差させる際の下の手で敵の攻撃をパーリングし、上から下ろす手で引き崩したり、打撃として打ち込んだりします。

上段揚げ受け、中段外受け、下段受けは、見た目は全く違う受け技のように見えますが、いずれも押さえ替えという左右の手の連動を用いたミートゥディー技法につながっていきます。

下段受けも同様に、交差する下の手で払い、上から下ろす手で打ち技や引き崩し等につなぐ

中段内受けとミートゥディー

中段内受けは、上段揚げ受け・中段外受け・下段受けと異なり、押さえ替えをしないタイプの夫婦手技法です。

中段内受けも初級の段階では、拳を握り、引き手を脇に取る形で行いますが、剛柔流拳法においては、上級の段階では、拳を開き、引き手をみぞおちの前に置く形をとります。

剛柔流拳法では、上級者の内受けは引き手を開手にしてみぞおちの前に置く

開手による基本の動きとしては、前の手を敵の攻撃を捕らえるように返したら、みぞおちの前に置いていた引き手の前腕を内側に巻き込むように使い、掴みに変化した前の手と連動させて敵を引き崩します。

こうした中段内受けは、ミートゥディーの変化のポイント「一つの軌道の中でいくつもの技を包含する」の四つのパターンである、〈逆の軌道〉〈単一軌道A〉〈単一軌道B〉〈跳ね返りの軌道〉のいずれにも展開しやすい技術です。

内側に巻き込むように使う前腕の動きは、敵の手を掴んで引き崩す引き手側の手の動きとの連動で見るなら〈単一軌道A〉。敵の突きを巻き込む動きからそのままの流れで肘関節を極めるならば〈単一軌道B〉。両手を使って受け流したところから巻き込んだ前腕を返して手刀打ちなどに変化させるなら〈跳ね返りの軌道〉。これを掴んでいる左手による引き崩しとの連動で見れば、〈逆の軌道〉を使った動きとなります。

中段内受けの用法例。受け手と引き手を連動させ、相手を引き崩す。関節極めや跳ね返っての打ち技に展開する

中段内受けからの流れで、下段受けに変化し、また内受けに戻ってくる

また、基本の中段内受けの軌道でそのまま流れに任せて前腕を進めると、それは下段受けの軌道に変化、その軌道をさらに進めると、1周して内受けの軌道に戻ってきます。単一の軌道を1周回すことで、内受け、下段受け、内受けと受け技が三つつながってきます。これも技の変化を表現するものであり、敵の中段突きを受け流した軌道のままに腕を巻き込み、極めていくなどの技術につながります。

中段内受けから、受け流した流れで腕を巻き込み、極め崩す

中段内受けは、受けた手が、掴みによる崩しや関節技、投げ技、打ち技などに自在に変化する、ミートゥディーを学ぶ上で重要な基本の受け技であり、押さえ替えをせずに受けから崩しまでを行うミートゥディー技法といえます。

一方、前項で解説した押さえ替えをする上段揚げ受け・中段外受け・下段受けも、実用の場面では、前腕を交差させることなく、

上段揚げ受け（上写真）、中段外受け（中写真）、下段受け（下写真）で、押さえ替えせず受けた場合

構えた位置から予備動作なしで繰り出すことによって、押さえ替えをしないタイプの受け技として機能させることができます。

〈単一軌道A〉で説明したセーユンチンの両手受け、すなわち中段外受けにもう一方の手を添える受けの動作などはその例です。その用法であれば、押さえ替えをせずとも敵の攻撃を受け流すことができ、添えた手は別の機能に展開していきます。

いずれにしても、基本稽古の意味をしっかり理解しつつ、固定観念にとらわれずに基本を活かしてさまざまな技術につなげていくことが重要です。

手刀受けとミートゥディー

受け技の基本の最後に、手刀受けの基本を見てみます。首里手、泊手の多くの型に出てくる受け方であり、外受け、内受けの要素を併せ持ち、さらに攻撃へとつなげるところまで表現した、ミートゥディーを学ぶ上でとても実用的な稽古法です

基本稽古の構えとしては、一方の手、ここでは左手刀を前に出し、もう一方の手、右手刀をみぞおちの前に置きます。拳を握ると、本部のミートゥディーの構えになります。

そこから、まず右手刀を掌側を内にして耳の横に振りかぶります。両腕が交差した形です。

次に、左手刀をみぞおちの前に引きながら右手刀を伸ばします。左右これを繰り返します。

手刀受けの基本動作。最後に前に出した手刀で受ける技と考えられがちだが…

一般的には、動きが極まった最後の形、つまり、ここで前に伸ばしている手を「手刀受け」ととらえることが多いようですが、こちらもこれまで出てきた基本の受け技と同様、ほぼほぼ、両腕を交差させる中間動作が「受け」であって、交差から伸ばす手刀は「打ち」となります。

手刀「受け」という技の名称と動作が極まった形をとらえると、どうしても前に伸ばした手刀が受けに見えてしまいます。仮に前に伸ばした手刀で受けるのであれば、敵の攻撃をただ払うだけで終わってしまいます。

手刀で受ける前に、手刀受けの振りかぶるタイミングで攻撃される（２挙動になるため）

前に出した手刀で受けた場合、相手の攻撃を払うだけで終わってしまう

また、それ以前に、一旦振りかぶるような2挙動の動作で受けるということは、現実的にはできません。振りかぶった時点でやられてしまいます。本来の手刀受けは、腕の交差から手刀を伸ばす基本動作の中で、受けから攻撃までつなげていきます。

つまり、交差する（振りかぶる）瞬間に上下いずれかの手で受けて、伸ばしていく手刀は「打ち」となり、敵を制していきます。下に交差する手で受けるのであれば、上段揚げ受け、中段外受け、下段受けと同じタイプ、上に交差する手で受けるのであれば、中段内受けと同じタイプになります。

あるいは、敵に手を掴まれた際、腕を交差する中間動作で取り返して攻撃につなげる取手のミートゥディーとしても応用できるなど、左右の手の連動を最大限に活用できる基本の受け技です。

手刀受けの用法例。交差する上の手で払い、下の手で引き崩し、手刀打ちで反撃

手刀受けの用法例。交差する下の手で受け、手刀打ちで反撃

手刀受けの用法例。相手の左右連突きを〈跳ね返りの軌道〉で受けて捕らえ、手刀打ち

手刀受けの用法例。手を取られた場合、交差する下の手で取り返し、手刀打ちで反撃

棒術とミートゥディー

空手発祥地の沖縄では、素手の空手と棒やサイといった武器術は車の両輪とされ、棒を学ばなければ一人前の空手家にはなれないとも言われます。そして、棒を操るということは、ミートゥディーに深く関係しているとされます。

棒を打ち込む際の前の手は、空手の突きと同じであるとされ、後ろの手の位置が、空手の引き手につながるとされるようです。流派によって引き手を腰に置くものもあれば、胸の横に置くものもありますが、いずれも棒の構え方からきているといいます。

この棒という武器を操作する場合、当然片手では自在に操ることはできません。自ずと両手で操作することになりますが、これが両手の連動を学ぶことにつながるとされています。すなわち、棒はミートゥディーを学ぶための補助器具ということになり、棒術の動作そのものが素手の空手につながってくるというものです。

筆者が学ぶ剛柔流拳法においても、素手の空手の技術を高めていきたいならば、棒を振るように指導しますが、ポイントとなるのは、棒という武器の特長を学ぶこと、そして、技の極め、力の集中を身につけるということです。

まず、剛柔流における棒の稽古とは、必ずしも棒の型を学ぶことではありません。型については、空手を学ぶ者の嗜みとして、一つか二つ知っていれば十分であるものとしています。

空手や古武道というと、どうしても型を学ぶことが中心になるように思われます。しかし、剛柔流の流祖である宮城長順先生は、空手を学ぶ者が棒術を学ぶことの有効性を認めながら、

沖縄古武道の棒の打ち込みは、空手の突き手と引き手の動きに通じる。棒は両手で操作するため、空手につながる両手の連動が身につく

型を学ぶというよりも素振りを多くこなし、武器の特長を学びなさいと説かれたといいます。棒使いと戦う場合を想定したとき、敵の用いる武器の特長を知らなければ危うくなるからです。

また、棒を振ることによって、打ち込みの極めを学ぶことができます。6尺という一定の長さと重量を備えた棒を振り込むことにより、打ち込みの瞬間の力の集中を効果的に学ぶことができます。全身の力の集中、すなわちチンクチを掛けることを学ぶと言ってもいいかもしれません。

武器の操作もさることながら、身体操作としてのチンクチの掛け方を学ぶのです。素手の突きや受けを使うにしても、当然チンクチの掛け方が重要になってくるのですから、その意味で、棒を使うことは素手の空手の向上、特に近い間合いから予備動作なしで威力ある技を繰り出していく、ミートゥディーの技術向上に役立つものと言えるでしょう。

第4章

ミートゥディーの自在な変化

ミートゥディーは固定されない

ミートゥディーを理解する上で最も重要なのは、戦いの場におけるさまざまな状況の変化に応じ、いかに臨機応変の技術につなげていけるかということです。それこそがミートゥディーの要訣であり、ミートゥディーは固定した形にとらわれません。

先に、本部のいう「夫婦手を型化」した写真を紹介しました。件の第17図（50頁参照）は、左右の手を同時に用いる様子が表現されるとともに、〈逆の軌道〉や〈単一軌道AとB〉といった変化の特長を説明するに際して、大きな助けとなりました。たった1枚で、状況に応じた変化を旨とするミートゥディーを伝えることのできる、まさに「夫婦手を型化」した写真であるからです。

しかし、そう言いながらも、筆者の中では、少し気に掛かる部分がありました。それは、剛柔流拳法における型の実用に際しては、いえ、もっと言えば、空手の型に含まれる動きの全てはミートゥディーにつながるものであり、件の写真のような例だけをもって、ミートゥディーとするものではないからです。

ナイハンチにおいても、他の全ての動きはミートゥディーにつながるものと言っても過言ではありません。件の写真のような形ばかりがミートゥディーとして独り歩きし、本来自在に変化すべきものであるはずのミートゥディーが、固定化されたイメージで広がってしまうのではないかという危惧です。

空手の型は、あらゆる状況に対応する戦いの技術の根幹を示すものです。その技術がミートゥディーを根本術理として構成されているのであれば、ミートゥディーとはあらゆる状況に対応する変化を有したものであり、特定の形に固定されるものではないはずです。

そうしたことは、常に実戦における実用性を誰よりも重視してきた本部にとっては、当然のことだったでしょう。自在な変化は、特定の形を持たないからこそ文章化が難しいものです。だからこそ、本来の空手は不立文字《ふりゅうもんじ》とされ、文字で伝えるのではなく、師と弟子が一対一、あるいはごく少数で、口伝を通じて伝承されてきました。

そうした中にあっても、気鋭の本部が文章を残し、ミートゥディーという空手の根本術理を後世に伝えてくれたことの功績は計り知れません。現在を生き、これを受け取る幸運に恵まれた我々は、残された言葉の真意をしっかりと吟味しながら、自らの空手に活かしていくべきです。

「夫婦手を型化」したということの意味を、文字面だけで、あるいは件の写真だけで理解しようとすると、ミートゥディーとは左右の手で同時に突くことだ、というような表層的な理解を生み出してしまう可能性があります。

これが多様に変化する技術を文章で伝えることの難しさであり、「夫婦手を型化」した第17図は、さまざまな変化の一瞬を切り取ったものであるということを忘れてはいけません。

本来は型の全ての動きはミートゥディーに基づくものであるけれども、技の極まったところをとらえると、両手を使っているということを伝えにくい。中間動作をとらえようにも、その意味を文章で伝えるのは難しい。そうしたときに、うまい具合に、両手を同時に使う極めの動作があった。これなら両手を連動させたミートゥディーの象徴的な形として、視覚的にわかりやすい。まさに両手の連動を様式的に表現した、すなわち「夫婦手を型化」した一瞬……。

文章での表現が難しいことを、何とか後世に伝えようと、本部が苦心した様子がうかがわれます。

こうしたとらえ方が正しいかどうかはわかりませんが、筆者が学ぶ剛柔流拳法においては、ミートゥディーとは固定された形ではなく、状況に応じて自在に変化するものと考えています。この考えに基づいて、さらに稿を進めていきます。

「夫婦手を型化」の例

「夫婦手を型化」した技術、両手を同時に使う技術を様式的に表現した形は、さまざまな型の中に出てきますが、やはり技の極まった形にとらわれると、正しい技術から離れてしまいます。

例えば、撃砕第1の最後に出てくる双手突きがあります。本来別方向に向かう体幹の動きを伴う左右の突きを同時に繰り出しており、どう見ても威力的に劣るように思われます。それにもかかわらず、型の中で双手突きを用いているということは、見た目そのままに両拳で突くということではなく、技の極まった形だけではわからない実用法が秘められているものとして理解すべきです。

一例として、撃砕第1の最後の動き、双手突きの実用法、裏分解を見てみましょう。

左足を下げつつ中間動作で右中段外受けが入り、そのまま脇に引いて右底突き、左中段突きの双手突きを繰り出します。

撃砕第１の最後に出てくる双手突き

この部分の裏分解としては、例えば敵が右中段突きを突いてきた場合、左足を捌きながら左手で突きを押さえつつ右中段外受けで流して捕らえ、左中段突き。突いた左手はすぐさま中段外受けの要領で敵の右腕を下からあおって、脇腹を開いたところに右底突きを極めます。

すなわち、型の様式の中では、左右の突きを同時に繰り出す「夫婦手を型化」した表現となっていますが、実用として

左足を下げて捌きながら外受け、引き崩して中段突き。その突き手を変化させ、下からあおって右底突き

は、左右の突きを同時に繰り出すのではなく、押さえ替え、掴み、崩しなどへの変化を伴いながら、左右交互に突きを繰り出していきます。

つまり、左右の手が連動して敵を追い込むというミートゥディーの原則とともに、受けた手がすぐさま攻撃に転じ、同じ手が受けから攻撃、攻撃から崩しに変化するというミートゥディーの【変化の特長②】が表れた動作として理解できるでしょう。

中間動作における変化 ～スーパーリンペイが教えること～

「夫婦手を型化」した形が、その中間動作の中で、さまざまな技術に変化するのを実際に型の中で表現しているものに、剛柔流のスーパーリンペイがあります。型の最後に出てくる、正面に回転して両手同時に弧受けのような形を作る部分です。その形を切り取れば、やはり「夫婦手を型化」した動きです。

スーパーリンペイの最後の形

最終的に動作が極まった形は両手で弧受けをするような形ですが、スーパーリンペイにおけるこの動きにおいて特筆すべきは、前挙動の右貫手から正面に向きを変えて最後の極めの形に移行する中間動作の中で、左右の手がいずれも、弧受け↓掛け↓弧受け↓貫手というように、しかも左右の時間差をつけて変化するということです。

つまり、極まった形だけ見れば両手同時に弧受けをしているように見えますが、中間動作の中ではこうした四つの変化×２（左右）＝８という、一挙動の中で八つもの技術が展開していく様子を、しかも左右の時間差まで付した上で、実際の型の動きとして表現しているのです。

そして時間差をつけるということは、左右の手が同時に動きながらも、別々の働きをしているということです。

型は、一つの動きが実用においてはいくつもの分解、応用に変化していくもの

スーパーリンペイの最後は、左右の手が「弧受け→掛け→弧受け→貫手」と時間差をつけて変化する。融通無碍な変化が型の中で表現される

です。そうした技術を引き出していくことが、型を学ぶ意義でもあります。一方で、分解ではなく実際の型の動きの中で、しかも一挙動の中間動作に少なくとも八つ以上の技術展開、左右の手それぞれの働き、相互の補完を求めてくるのがスーパーリンペイなのです。

剛柔流拳法では、どの型が最上級だということはなく、それぞれの型においてそれぞれ学ぶべきテーマがあります。それでも、一般にスーパーリンペイが剛柔流最高峰の型とされるのは、こうした高度な技術の表現をも要求してくる型であることが、理由の一つかもしれません。

しかし何より重要なのは、そんな剛柔流最高峰の型とされるスーパーリンペイが、型の締めくくりの一挙動の中で身をもって表現するように、左右の手の動きを融通無碍に変化させることで、敵を制圧していくということです。

つまり、技の極まった形や特定の構えが重要なのではなく、それに至るまでの状況に応じた左右の手の連動による多様な技術展開が重要なのであり、それを各自でしっかりと研究していきなさい。それが自身の武を高めることにつながるのだから。スーパーリンペイは、そうした武術としての空手の核心を教えてくれています。

〝ミートゥディー〟の構え

左右の手が連動した動きをミートゥディーと呼ぶのに加え、先に引用した本部の記述に「実戦の場合には、両手は常に前図の如く、くっ付けて置かねばならぬ。普通夫婦手と称して居る」とあることから、ミートゥディーとは、両手を夫婦のように近くに置いた構えそのもののことも指すという理解があるようです。

一般に23頁写真のような構えをミートゥディーの構えとするようですが、やはりここでも、ミートゥディーの構えはこうだ、といって固定すべきものではないでしょう。本部はミートゥディーを実用する上で有効な構えの一例を示したものと理解するのが妥当なのではないでしょうか。

開手を正面に向けて、みぞおちの前に置く宮城長順（右）

剛柔流拳法においては、稽古を重ねてレベ

ルが上がった者の次の段階の稽古法として、引き手を開手としてみぞおちの前に置いた構えから、短い距離の中で技を繰り出していく基本稽古に移行します。開手を用いるということは、さまざまな技法の変化につながっていくということです。

開手を正面に向けてみぞおちの前に置く形は、宮城長順先生の写真にも残されています。例えば、揚げ突きの基本を例に見てみると、突いた手は次の瞬間には開手による押さえ、引っ掛け、崩しなどの動きに変化します。同時に、みぞおちの前にあった開手は揚げ突きに変化します。こうした変化が、左右の手の連動の中で繰り返されます。

揚げ突きの突き手が変化し、押さえ、引っ掛け、崩しに。それと連動し、逆の手で揚げ突き

みぞおちの前に開手を置く構えは、左右の手の連動を活かし、さまざまな技法に変化するミートゥディーを駆使するために、非常に有効な形であると言えるでしょう。

また、開手から短い距離の中で握り込んで突くことで、力が分散することなく集中し、脇に置いた引き手から長い距離の中で突くよりも、はるかに威力が浸透する突きとなります。自在な変化に通ずる開手を体の前に置くことが、威力の増大にもつながるのです。

本部は、「攻撃する手は、なるべく敵に近いのが有利」としています。近いところからの攻撃が敵にとってより反応しづらいのは当然ですが、その言葉の意図するところには、攻撃する手を敵の近いところに置くことによって、一層威力を大きくしていくことにもつながる、ということが含まれているのかもしれません。含蓄のある言葉です。

また、同じ開手を用いた構えでも、首里手系の手刀受け（90頁写真参照）は引き手の掌を上に向けています。手を握れば本部の〝ミートゥディー〟の構えそのものになりますが、その構えは引き手の掌を上に向けた形を取っており、剛柔流拳法における手の形とも異なるバリエーションです。

これらの構えに共通することとして、いずれも引き手を脇ではなく体の前に置く、両手が近くにある、ということがあります。一方で、拳を握るものもあれば開手もある。同じ開手でも、掌を前に向けるものもあれば、上に向けるものもある。このように、ミートゥディーを活用するのに適した構えであっても、その形はさまざまであり、やはり一つの形に固定されるものではないと言えるでしょう。

型における繊細な変化

剛柔流拳法における、みぞおちの前に置く開手の形についてもう少し見ていきます。筆者が繰り返して記すミートゥディーにおける技法の変化は、型の中でみぞおちの前に置く開手の微妙な角度、形の違いにも表われてきます。

ここでは、剛柔流のいくつもの型に共通して出てくる、前蹴りから肘揚げ打ちの挙動における、引き手の形の微妙な変化を例に見てみましょう。ほんのわずかな引き手の形の変化が、ミートゥディーにおける技法の変化を繊細に表現しています。

クルルンファの肘揚げ打ち（引き手の掌が正面の場合）

撃砕第１・２、サンセールーの肘揚げ打ち

クルルンファの肘揚げ打ち（引き手の掌が上の場合）

シソーチンの肘揚げ打ち（引き手の手首をやや前に倒した場合）

シソーチンの肘揚げ打ち（引き手の手首を反らせた場合）

剛柔流の型において、前蹴りから肘揚げ打ちの挙動は、撃砕第1・2、シソーチン、サンセールー、クルルンファの中に出てきます。横からの肘打ちまで含めるならば、スーパーリンペイにも出てくる動きです。

この挙動における引き手の位置、形は型によってそれぞれであり、撃砕第1・2の場合は握拳を脇に引く形、シソーチンはみぞおちの前で掌を前に向けて置く形、サンセールーは撃砕第1・2と同じく拳を脇に引く形、クルルンファは、掌を前に向ける会派もあれば、掌を上に向ける会派もあります。

ただし、このように型としての引き手の位置、形は違っても、その実用法は、いずれも敵の手を押さえたところへカウンターで肘揚げ打ちを打ち込むというミートゥディー技法につながってきます。

しかし、敵の手を押さえて肘揚げ打ちにつなげるといっても、型が想定する状況に応じて、微妙な手首の角度、指の形まで変わってきます。状況に応じた繊細な変化の表現です。

例えばシソーチンでは、左方向、右方向に向かってそれぞれ、前蹴りから肘揚げ打ちを行った後、正面に向かって肘揚げ打ちを打ち込む動作へと続いていきます。いずれも引き手をみぞ

掛け受けから引き崩して、肘揚げ打ち（引き手の手首はやや前に倒した形）

おちの前に置き、肘揚げ打ちを打ち上げますが、左右方向へ肘揚げ打ちの際の引き手の手首の角度と、正面への肘揚げ打ちの際の引き手の手首の角度は、本来は異なります。

まず、左右方向への動きは、これに先立つ中段掛け受けから続くものです。中段掛け受けの動きで敵の攻撃を捕らえ、引き崩しながら肘打ちを打つ、〈逆の軌道〉を活かした動きにおける引き手の形を、剛柔流拳法のシソーチンでは、デフォルメすることなくそのまま表現します。

みぞおちの前の引き手の形は実用そのままの手首の角度と指の形、すなわち、完全に手首を上に反らせるのではなく、やや手首を前に倒し、親指、小指、薬指をやや曲げて、掴みを表現した形をとります。

突きを掌で押さえて、肘揚げ打ち（引き手の手首は反らせた形）

それに対して、正面方向への肘揚げ打ちは、同じ肘揚げ打ちであっても、場面が展開し、左手で押さえるような動作から右肘揚げ打ちを放ちます。左右方向と異なって掛け受けからの展開とはなっていません。

ここは、敵の突きを左手でブロックして右肘揚げ打ちにつなげる動きとして解しますので、押さえる手首の角度は、しっかりと上に反らせた、指先を上にして掌が前を向く形となります。

本来、型はここまで精緻なものなのですが、たとえシソーチンを学ぶ上級者であっても、これを初めて習うときは最初から型が求める動きを理解し、使いこなすことはできません。そこで動作の単純化ということが起こります。シソーチンの場合、こうした手首の微妙な角度を区別せず、全て正面方向への肘打ちの際の左手の形と同じように、指先を上に向ける形にデフォルメされることがあります。動作の簡略化、様式化です。

同じように、クルルンファにおける前蹴りから肘揚げ打ちの挙動では、剛柔流拳法では手首を返し、掌を前に向ける形を取ります。一方、掌を上に返す引き手の形を取るものもあります。これも簡略化によるものでしょうか。しかし、それでは敵を掴んで引き崩すことはできません。本来上級者が学ぶ型であるクルルンファとしては、少々簡略化し過ぎな気もします。

いずれにしても、本来の型の動きは、ただ単に動きの順番を追うものではなく、さまざまな状況の変化に応じた繊細な技術の変化、ミートゥディーの技法を反映しているものです。しかし、そこに秘められた技術がうまく伝わっていない場合、本来の意図とは離れた改変がなされることもあるかもしれません。

接近戦での効果

ミートゥディーを駆使するということは、必然的に、近い間合いの戦い、接近戦に入っていくことにつながります。

接近戦に入るということは、当然ながら敵との距離を詰めることです。距離を詰めるということは、前に踏み込むこと、本部が重視する入り身です。入り身するということは、自分の体が前に移動すること、すなわち自らの体重を技に伝えていくことです。これにより筋肉に頼らない大きな威力が生まれることは既述の通りです。

一方、近い間合いにおいて有効な技術として、打ち技があります。グローブを着用した各種格闘競技では使いづらい以前にルールで禁じられている場合が多いです。素手の空手においては、裏拳打ち、拳槌打ち、手刀打ち、掌底打ちなど、いずれも上、横、下、斜めなど、さまざまな角度から繰り出される打ち技を有効に活用していきます。

こうした打ち技は、自らの腕の重さを利用した打撃技であり、筋力に頼るものではありません。また、筋力に頼っていては、威力ある打ち技にはなりません。

打ち技は、〈逆の軌道〉〈単一軌道〉〈跳ね返りの軌道〉などを利用した変化技として、ミートゥディーの技法に織り込まれてきます。

ミートゥディーを使うということは、さまざまな技術の変化の中に、自らの体の重さを存分に活用していくことで、大きな威力を生み出すことにつながります。だからこそ、ミートゥディーをしっかりと練り込んでいくと、自らが有する潜在的な力をうまく引き出すことにつながっていきます。

カキエで学ぶミートゥディーの変化

ミートゥディーは、左右の手が連動しながら、その時々の状況に応じてさまざまに変化し、詰将棋のように敵を追い詰めていきます。

しかし、両手が敵に触れるほどの近距離、接近した間合いにおける瞬時の攻防においては、敵の攻撃を「見て」から反応する暇はありません。敵の攻撃を皮膚感覚で感じ、その状況に応じて左右の手が勝手に動いていくようでなければ、実用に耐えません。

そうしたミートゥディーの変化を実際の攻防の中で身につけるための稽古法として、カキエを活用していくことができます。相手と前腕を交差させて､押したり引いたりする稽古法です。詳しい稽古法は、拙著『沖縄古伝剛柔流拳法で解く！　空手の不思議』をご覧ください。

基本的には、交差させた前腕を呼気とともに相手のみぞおちの方向に伸ばし、吸気とともに相手の攻撃を吸収するように引くという動作の繰り返しです。慣れるにしたがい、重心の移動や足捌き、さまざまな技を加えていきます。

これによって、空手に必要なチンクチの掛け方やガマクの使い方、ムチミなどの空手の土台となる身体操作を身につけることができます。それとともに、敵の攻撃を皮膚感覚で感じ、押し引きの中に技の攻防を織り込んでいくことで、左右の手の連動を用いたさまざまな技術の変化を養成できます。

ここでは、カキエを活用したミートゥディーの稽古法の例について紹介します。

【変化の特長①】の例

前腕を交差させた状態から、相手の攻撃を吸収し、裏受けから底突きへ変化

【変化の特長②】の例

前腕を交差させた状態から、相手の攻撃を吸収し、中段外受けから押さえ替えて、掌底突き

【変化の特長③】の例

〈逆の軌道〉〈跳ね返りの軌道〉

前腕を交差させた状態から、相手の攻撃を吸収しつつ捕らえ、引き崩しながら跳ね返って脇腹へ手刀打ち

〈単一軌道A〉

前腕を交差させた状態から、相手の攻撃を吸収し、両手で中段外受けをするように崩す

〈単一軌道B〉

上記の中段外受けから、そのままの軌道で肘関節極めに変化(シソーチンの肘関節)

みぞおちの前の引き手を使った指関節

前腕を交差させた状態から、相手の攻撃を吸収し、引き手で指関節を極める

取手への展開（小手返し）

前腕を交差させた状態から、相手の攻撃を吸収し、引き手で捕らえ、小手返しで投げる

投げへの展開（中段掛け受けの要領で）

前腕を交差させた状態から、相手の攻撃を吸収し、後手で払って前手の掛け受けで崩す。内側から相手の上腕を捕らえ、足を捌いて投げる

第5章

型「撃砕」で学ぶミートゥディー

ミートゥディーが凝縮した撃砕の型

本章では、ミートゥディーの技術が実際の型の中でどのように使われているのかについて、剛柔流において初級者が入門して最初に学ぶ型、撃砕第1、第2の実用法（裏分解）を通じて見ていきます。

初級者用の型とされている撃砕第1と第2ですが、本書で解説するミートゥディーの原則と三つの変化の特長を全て学ぶことのできる内容の濃い型です。

型の数を多く覚えるよりは、撃砕の型を使ってチンクチ、ガマクを練り、歩方（法）を学び、ミートゥディーと結びついた技の実用法をじっくりと稽古してみてください。

また、本章で紹介する裏分解は、全てカキエの中で稽古していくことができますので、稽古の中に取り入れてみるといいでしょう。

❶左上段揚げ受け、右中段突き、左下段受け

【型の動作】

右足を踏み出し左方向に回転して左上段揚げ受け、右足を進めて右中段突き、右足を引いて左下段受け。

撃砕第1・2の冒頭部分

【解説】

剛柔流の流祖・宮城長順先生は、最初の挙動を、上段揚げ受けから上段突きとして型を創作されました。しかし、もともと宮城先生の師であり現在の中国福建省から拳法を持ち帰った東恩納寛量《ひがおんなかんりょう》先生の那覇手では、原則として上段に対する正拳突きはなく、上段を攻撃する場合は開手などを用いるのが通常であったため、東恩納先生にも直接師事された比嘉世幸《ひがせこう》先生が、上段突きを中段突きに改めました。よって、比嘉世幸先生の流れをくむ剛柔流拳法では、中段を突きます。

型の最初の挙動は、敵の上段突きに対して、右足を踏み出して左方向に上段揚げ受けを行います。初級者は後ろになる右足から動くことが難しく、どうしても進行方向となる左足から動きたくなりますが、ここは右足から動くということがポイントになります。

敵の攻撃に対して、後ろ足から反応するということは、こちらの動きを敵に覚らせないという意味で非常に重要です。一般に人が方向を変えるときは、向かう方向側の足から動くのが本能ですが、武術の技は、ある意味本能を殺していきます。その意味で、剛柔流で初級者が最初に習う撃砕第1の第一歩は、非常に大切な第一歩となります。

右足を右前に踏み出し、相手の上段突きを右手で払い、左手で引き崩す。右足を進めて突き。右足を引きながら、左下段受けの軌道で投げる

こうして右足を踏み出しつつ、すなわち体を横に捌きながら上段を受けるわけですが、型としては上段揚げ受けの形をとるものの、実用する場合には、既述の通り中段掛け受けを上段に上げた形となります。

まず敵の左上段突きを右手で押さえるとともに左手で掴んで引き崩します。次に右足を進めて右の中段突きを突きます。右足を進めて突くのは、攻撃する場合は必ず前に進むべきことを教えています。前進する力を突きに伝えるためです。止まった位置で突くよりも前進しながら突くほうが威力があることは、実験してみれば一目瞭然です。

また先に、宮城長順先生が上段突きとして型を創作したのを、比嘉世幸先生が中段突きに改めたことを記しましたが、前頁写真を見てわかる通り、敵はミートゥディーの動きによって引き崩され、頭は中段の位置にあるため、突く高さは中段であっても、当たるのは上段です。いわゆる基本通りの上段揚げ受けで相手の突きを跳ね上げただけであれば、顔面を突くには上段突きとなりますが、ミートゥディーを使って解釈したならば、中段の高さを突いていても上段を突いていることになるというのは面白いポイントだと思います。

撃砕の最初の挙動。宮城先生は上段突きとして創作し、比嘉先生は中段突きに改めた

右手で突いた後は、左の下段受けになります。左手は敵の手首を捕らえているので、型の通りに右足を引いて下段受けの軌道で敵を投げます。四股立ちは投げや固めであるという口伝がありますが、その通りの動きです。

右手で敵の突きを押さえて左手で崩し、右手で突いて左手で投げるという、左右の手が連動したミートゥディーにより、敵を制するまでの動きが表れています。

❷右上段揚げ受け、左中段突き、右下段受け

【型の動作】

左足を踏み出し右方向に回転して右上段揚げ受け、左足を進めて左中段突き、左足を引いて右下段受け。

129頁から続く、撃砕第１・２の動作

【解説】

前挙動と対称的なこちら側の動きは、敵の掴みに対する取手技法として解釈してみます。

仮に敵の右手でこちらの右手を掴まれたとします。型の動きそのままに左足を左方向に踏み出しながら手を取り返して崩し、左の突きを極めます。

突いた左手は掴みに変化して敵の上腕を押さえ、左足を引いて四股立ちとなる型の動作通りに、敵の手を掴んだ右手を下段受けの軌道であおると、合気道でいう上段腕がらみのような取手技につながるミートゥディー技法となります。

手首を掴まれた状態から、左足を踏み出しつつ手を取り返し、突く。左足を引いて、上段腕がらみのようにして投げる

❸ 撃砕第1：左中段外受け、右中段外受け
撃砕第2：左中段掛け受け、右中段掛け受け

【型の動作】

撃砕第1

左足を進めて左中段外受け、右足を進めて右中段外受け。

134頁から続く、撃砕第1の動作

134頁から続く、撃砕第２の動作

撃砕第2

左足を進めて左中段掛け受け、右足を進めて右中段掛け受け。

【解説】

握拳を使った撃砕第1の動きで解釈すれば、敵の突きを右手で押さえると同時に左前腕で軌道を外し、すかさず、右手が裏拳打ちなどによる顔面への打ち込みに変化するといったミートゥディー技法として解釈できます。

撃砕第１の解釈。相手の突きを右手で押さえつつ左手で外し、右裏拳打ち

撃砕第２の解釈。相手の突きを右手で押さえつつ左手で引き崩し、右指先で目を切る

撃砕第2のように、開手の中段掛け受けとして解釈したならば、敵の突きを右手で押さえるとともに左手で引き崩し、右指先で横から目を切る。

あるいは、敵の腕の下から通して内側から上腕を押さえ、足捌きを使って投げる動きにも変化します。

これも右、左、右という左右の手の連動によるミートゥディー技法です。

撃砕第２の解釈。相手の突きを右手で押さえつつ左手で引き崩し、内側から相手の上腕を押さえ、足捌きで投げる

撃砕第２の解釈。手を掴まれた状態から、中段掛け受けの要領で手首を取り返して極める

これを、敵に手首を掴まれたときの対処法として応用してみます。仮に敵に左手でこちらの左手を掴まれた場合、敵の左手を中段掛け受けの中間動作として右手で押さえて固定し、掴まれている左手で敵の手首を取り返して押さえると、手首が極まります。

④ 左前蹴り、左肘揚げ打ち、左裏拳打ち、左下段受け、右逆突き

【型の動作】

左前蹴りから左肘揚げ打ち、左裏拳打ち、左下段受け、右逆突き。

【解説】

前蹴りを蹴ったら、やや外側にドンと下ろします。これは、敵の足を踏みつける動作です。足を踏みつけて敵を固定したところへ、左の肘揚げ打ちから肘を支点に左裏拳打ち、下腹部への左下段打ちと続き、最後に右逆突きを極めます。

この左手の連続攻撃が、ミートゥディーの【変化の特長③―4】〈跳ね返りの軌道〉を使った動きです。肘打ちでみぞおちの周辺を打たれた敵が前のめりになる瞬間に、肘打ちから跳ね返ってきた裏拳打ちが、至近距離からカウンターで顔面に打ち込まれます。

137頁（撃砕第１）、138頁（撃砕第２）から続く、撃砕第１・２の動作

前蹴りした足で相手の足を踏みつけ固定し、肘揚げ打ちから裏拳打ち、下段拳槌打ち、逆突きへの連続攻撃

この部分は、前の動作である中段受けからのつながりとしても解釈できます。２回目の中段掛け受けにおいて、敵の右の突きを左手で払い、右手に押さえ替えて掴み、崩したところからのつながりで見てみると、この場合の蹴り足は型とは逆の右足になります。敵の手を捕らえている距離からは、後ろ足から蹴ろうとすると距離が合わないものの、前足の右前蹴りであれば、ピタリと距離が合います。

138頁からの動作のつながりで解釈。中段掛け受けで引き崩しての蹴りは、型と異なり右足となる（間合いによる）

そこから蹴り足を下ろすと同時に、右手で掴んでいた敵の右腕を左手に押さえ替えつつ右肘揚げ打ち、右裏拳打ち、下段受け。下段受けの動きは、そのまま下腹部への拳槌打ちとして打ち込むもよし、左手で押さえていた敵の右腕を押さえ替えて下段受けの要領で引き崩し、脇腹に左中段突きで極めてもいいでしょう。

敵に近い前の手が（【変化の特長①】）、一つの軌道の中でいくつもの技を包含し（【変化の特長③―4】）、同じ手が受けから攻撃、あるいは攻撃から崩しと変化しながら（【変化の特長②】）、左右の手が連動して敵を追い込む（【ミートゥディーの原則】）といった、ミートゥディーの原則と変化の特長を含む動きです。

⑤右波返し・右手刀打ち

【型の動作】

右波返しから右手刀打ち。

144頁から続く、撃砕第１・２の動作

【解説】

例えば、敵が左中段突きで突いてきた場合です。半身で入り身して右中段内受けと同時に、左手で敵の手首あたりを捕らえて突きを受け流しつつ足を払います。

崩れた敵の顔面に、右中段内受けから返す右肘打ちを打ち込みます。肘打ちは、さらに同じ軌道で顔面への手刀打ちに変化し、そのまま敵を仰向けにあおり倒します。

相手の左中段突きに対し、入り身して中段内受けと同時に突き手を捕らえつつ、足払い。すかさず肘打ち、その軌道から手刀打ちして、あおり倒す

この動きもミートゥディーの原則と変化の特長が複数含まれていますが、特に【変化の特長③】となる「一つの軌道の中にいくつもの技を包含する」の四つのパターンが全て表れています。

右中段内受けから肘打ちに変化する部分が〈跳ね返りの軌道〉と〈逆の軌道〉。

肘打ちから手刀打ちへの変化が〈単一軌道B〉、そのままあおり倒す部分が〈単一軌道A〉です。

右中段内受けからそのまま〈単一軌道B〉で肘を極める動きにも展開できます。

あるいは、中段内受けからそのまま肘を極める

相手の左中段突きに対し、入り身して中段内受けと同時に突き手を捕らえつつ、足払い。すかさず足刀下段蹴り、手刀打ちからあおり倒す

右波返しの部分については、中段内受けで敵を崩す際、体重のかかった敵の前足を刈り払い、上から右足刀下段蹴りで膝関節を地面に叩きつけ、左手で突き手を捕らえたまま右手刀を打ち込み、そのままあおり倒す動きにつなげることができます。

足を払うと同時に中段内受けで肘を極める部分と、膝関節への蹴り込みと同時に手刀打ちを放つ部分は、いずれも〈単一軌道A〉の足技まで含めた応用とも言えます。

また、敵の左手で右手を掴まれた場合に対する取手技法として、中間動作において左手で敵の手を取り返して逆を極め、手刀打ちにつなげるという応用もあります。これは〈逆の軌道〉を活用した取手のミートゥディー技法です。

⑥撃砕第1：左中段外受け
撃砕第2：左中段掛け受け、右中段掛け受け、左中段掛け受け

【型の動作】

撃砕第1

左足を進めて左中段外受け。

取手技法としての解釈。相手に手を掴まれた状態から、反対の手で取り返し、手刀打ち

149頁から続く、撃砕第１の動作

149頁から続く、撃砕第２の動作

撃砕第2

左足を進めて左中段掛け受け、右足を進めて右中段掛け受け、右足を下げて左中段掛け受け。

【解説】

ここは❸と同様の動きですが、撃砕第2においては、下がって中段掛け受けという挙動が加わっています。

基本として、攻撃にしても受けにしても、いずれも前に踏み込むということが原則です。下がることは、敵の前進、攻撃を呼び込んでしまいます。剛柔流拳法においては、決して下がって受けることのないよう、口酸っぱく指導されます。

しかし、撃砕第2における この部分のように、型の中には下がりながら受ける挙動がたびたび出てきます。これは体を捌いて受けるということを意味します。敵が攻め込んできたのを、まっすぐに下がって受けるということでは決してありません。

ここで足の動きを見てみましょう。前進する際、後退する際のいずれも、足は弧を描いて動いていきます。前進する際は三戦と同様の歩方。後退する際はその逆です。

前進であればこうした足の動きを利用して敵の足を払って崩すという使い方もできますが、ここで重要なのはその弧を描く軌道です。これはまっすぐの動きだけではなく、あらゆる方向に自在に足捌きを展開していくことができるということを意味しています。もちろん後退する場合も同様で、まっすぐ下がるのではなく、体を捌くということを意味しています。

弧を描く歩方によって、あらゆる方向に足捌きを展開する

弧を描いて前進する動きで、相手の足を払って崩す

❼右前蹴り、右肘揚げ打ち、右裏拳打ち、右下段受け、左逆突き

【型の動作】

右前蹴りから右肘揚げ打ち、右裏拳打ち、右下段受け、左逆突き。

【解説】

これは❹の動きを反対側で行っているものであり、そこに含まれるミートゥディーの技法は同様です。しかし、型において同じ動作が再び出てきたということは、「別の解釈を工夫してみなさい」という意味です。ミートゥディーの原則と特長を踏まえつつ、読者それぞれが学んできた技術を活かしながら、工夫して分解してみてください。

155頁から続く、撃砕第１・２の動作（144頁の動作を左右反対に）

159頁から続く、撃砕第１・２の動作（149頁の動作を左右反対に）

❽ 左波返し・左手刀打ち

【型の動作】

左波返しから左手刀打ち。

【解説】

先の❺の動きの反対側です。

160頁から続く、撃砕第１の動作

⑨撃砕第１：双手突き 撃砕第２：回し受け

【型の動作】

撃砕第1

左足を下げつつ中間動作で右中段外受けが入り、そのまま脇に引いて右底突き、左中段突きの双手突き。

160頁から続く、撃砕第２の動作

撃砕第2

左足を左斜め後ろに下げつつ、右斜め前に回し受け。

【解説】

撃砕第1は、第2章で紹介した通りです。

撃砕第2は、例えば敵が右中段突きを突いてきた場合、左足を捌きながら左手で突きを押さえつつ右裏受けで流し、左手で押さえ替えて右掌底を顔面に打ち込み、さらに逆を取って投げにつなげます。

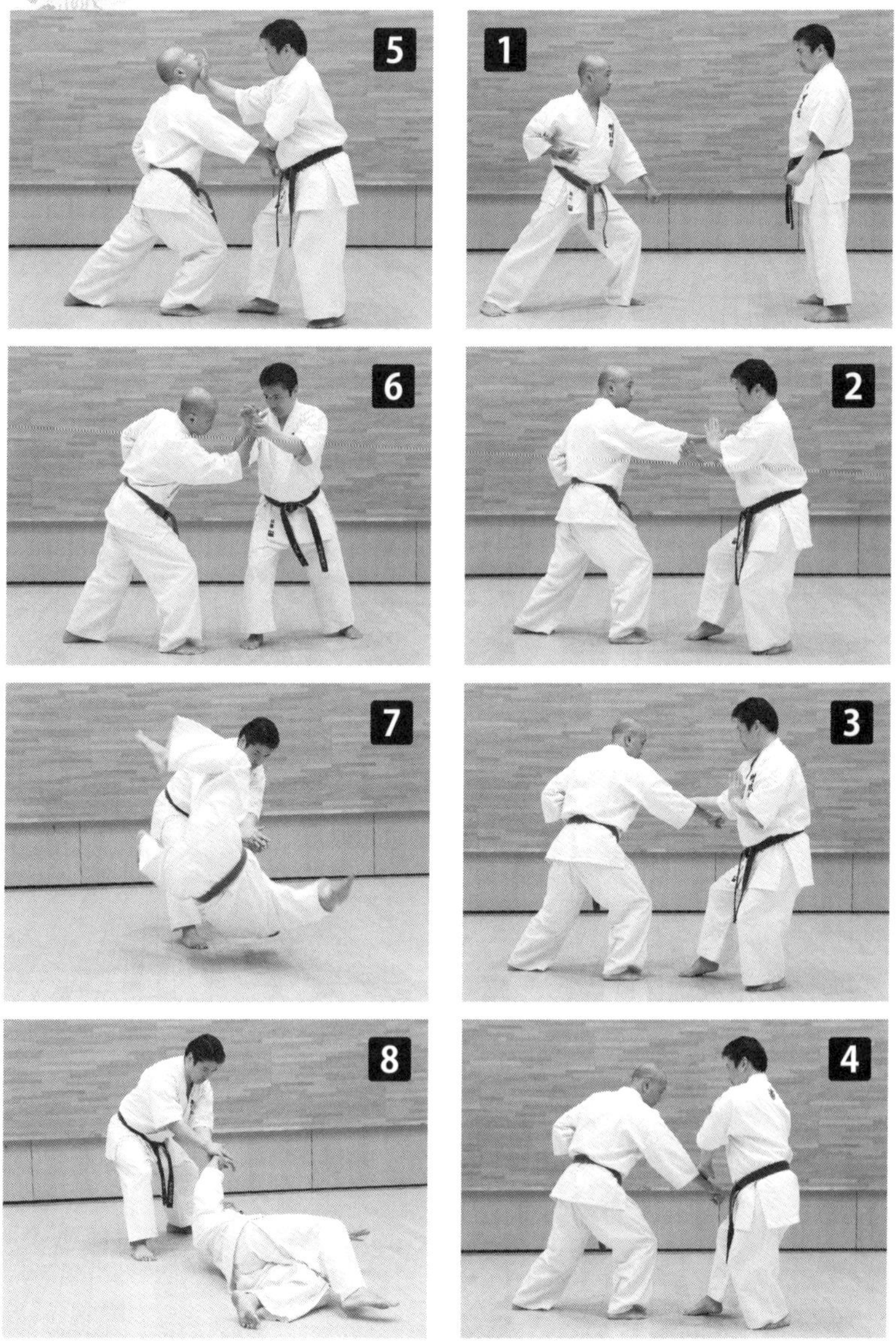

相手の突きに対して、左足を捌いて左手で押さえつつ、右裏受けで流す。押さえ替えて右掌底突き、小手を返して投げる

右裏受けからすぐに左手で押さえ替え、相手の内側から掌底突き

右裏受けの状態は、相手の左の突きが危険

右裏受けを左手に押さえ替えるのは、右裏受けをした状態は顔面ががら空きであり、敵の左突きをもろに受けてしまうのを避けるためです。そのため、左手に押さえ替え、裏受けした右手による掌底を敵の左突きの内側から突き出すことで外しながら攻撃につなげます。

裏受けした前の手がそのまま攻撃に転ずる（【変化の特長①】）とともに、左、右、左、右と左右の手が緊密に連動して相手を追い込む、ミートゥディーの原則がよく表れた動きです。

⑩撃砕第1：双手突き　撃砕第2：回し受け

【型の動作】

撃砕第1

足を踏み替えつつ中間動作で左中段外受けが入り、そのまま脇に引いて左底突き、右中段突きの双手突き。

161頁から続く、撃砕第1の動作（161頁の動作を左右反対に）

撃砕第2

右足を右斜め後ろに下げつつ、左斜め前に回し受け。

【解説】

先の❾と同様。

162頁から続く、撃砕第２の動作（162頁の動作を左右反対に）

第6章 スポーツと武術をつなぐ架け橋

武術と武道の違いから考える

空手というものを表現するとき、スポーツであるとか、武術、あるいは武道などという言葉があてられます。一口に空手と言っても、さまざまな側面があることから、どこから見るかによって変わってくるのかもしれません。

広辞苑で「武道」と引くと、「①武士の守るべき道。武士道。②武術に関する道。弓矢の道。↕文道。③武道方の略」とあります。本書ではたびたび「空手発祥地の沖縄で武術として伝承された空手」という表現を用いているので、本書の意図としては「②武術に関する道。弓矢の道。↕文道」が近いといえます。

次に、「武術」を引いてみると、「武道の技術。武芸」とあります。「武道」を引けば「武術に関する道」であるとし、「武術」を引けば「武道の技術」であるとするならば堂々巡りな気がしますが、まとめてみれば、武術とは「武の技術」、武道とは「武の技術に関する道」となります。

これらを筆者なりに解釈するのであれば、「武術」とは「敵を効果的、効率的に制するため

の格闘の技術」であり、それを徒手空拳で行うのが空手。「武道」とは「敵を効果的、効率的に制するための格闘の技術を追究する道」と表現できるのではないかと思います。

こう考えたとき、「空手は武道である」と言うならば、それは文字通り「敵を効果的、効率的に制するための格闘の技術を追究する」ものであるはずです。すると、競技としての空手道は、敵を効果的、効率的に制するためには障害にしかならない「ルール」のもとに技を制限して勝敗を競い合うのですから、「武術」とはならず、自ずと「武道」でもないことになります。「スポーツ」の範疇に属するものとして理解するのが一番しっくりくるでしょう。

よく、こうした区分を明確にしないままに、「空手などの武道を学ぶと礼儀正しく、立派な人になる」と言われますが、しっかり学べば礼儀正しく、立派な人になるのは、野球やサッカー、水泳、スケートといったスポーツでも同じことであり、言うのであれば、「スポーツを学ぶと礼儀正しく、立派な人になる」と表現するべきでしょう。あるいは、「ものごとに一生懸命に打ち込むと」と言ってもいいかもしれません。

こうした筆者の持論の是非は別としても、東京2020オリンピック（2021年開催）における競技種目としての採用を目指したあたりから、競技としての空手道は「スポーツ」であるものと割り切って整理されてきた感はあります。

それでも、筆者を含む空手を学ぶ者、特に指導者などは、「空手道は武道である」と言いたい傾向があるように感じます。それは、「武道」への憧れや尊敬があるからでしょう。

格闘競技を存分に経験しておく

本書においては、各種ルールに基づいた競技スポーツとしての空手道や各種格闘競技を称して、「ルールの違うボクシング」と一括りにした表現を用いました。チャンピオンという頂点を目指し、生活の全てをかけてそれぞれの競技に向き合っている選手に対して、失礼な表現になってしまったかもしれません。

事実、こうした各種格闘競技に取り組む選手の強さは本物です。ただ、いずれもルールという一定の枠を設けた中で勝敗を争う競技としての性質上、ルールから外れた動きに対しては、もろい部分が出てくるのは当然です。

ボクシングが強い選手でも、蹴り技の許されるキックボクシングの選手が相手では勝手が違うでしょうし、キックボクシングの選手も組技、寝技まで認められる総合格闘技の選手と戦うのであれば、戦い方が変わってくるでしょう。同じように、最もルール上の制約の少ない総合格闘技であっても、目突きや金的蹴り、頭突き、髪を掴む、指関節を取るなどの禁じ手がなかったとしたら、状況が変わってくるはずです。

普段ルールで禁じられる攻撃が不意に飛んできた場合には、頭ではわかっていたとしても、意外なほど食らってしまうし、前提が違うと自らの攻撃も出しづらくなります。

だからといって、実際の戦いの中では、ルール上の制約の少ない競技の選手が有利かというと、必ずしもそうとは言い切れません。体格差はもちろん、場所や周囲の状況などによっても変わってくるでしょうし、そもそも敵は正々堂々と攻めてくるわけではありません。各種格闘競技に真剣に取り組む選手が強いということは間違いありませんが、実際の戦いはさまざまな要因に左右されます。

一方で、武術を学ぶ者が、ルールに制約されない技術を実際に試すのは危険だとして、日頃から人と実際に打ち合う、極め合う稽古をすることがなかったならば、また、極限の緊張感の中で行われる試合を経験したことがなかったならば、仮に「ルールなし」という自分の土俵で

総合格闘技。試し合いの場に出ることで、自らの技術の未熟さがわかる

キックボクシング。実際に打ち合う経験が大切

あるはずの想定で戦ったとしても、おそらくは、敵を効果的、効率的に制するどころか、逆に格闘競技者に一方的にねじ伏せられてしまうでしょう。

試合に出てみることで初めて、自分の技術がいかに未熟なものであるか、いかに使える域に達していないのかを知ることができます。試合というものは本来、自らの武を高めていくための稽古方法であるはずです。

このように、武術としての側面、あるいは格闘競技スポーツとしての側面のいずれを欠いても「敵を効果的、効率的に制するための格闘の技術を追究する道」である武道としては、片手落ちということになってしまいます。

各種格闘競技、空手競技でチャンピオンになっても、武術としての技術を学ばずに競技を引退し、自らの稽古をやめてしまったとしたら、武道とは言えません。また、武術を志す者であっても、各種格闘競技において実際に戦ったことがないならば（格闘競技ではない実戦を数多く経験している場合は別かもしれませんが、それは現代において許されるものではありません）、これも本当の意味で武道を歩んでいるとは言えません。

そう考えると、スポーツとしての各種格闘競技、空手競技と、武術としての空手というものは、やはり車の両輪であり、その両輪を備えるからこそ、武道に至ることができます。

それは、年齢を重ねてもいつまでも競技に挑戦し続けるということではありません。それはそれでとても尊いことなのですが、それではいつまでたってもスポーツの枠から抜け出すことはできません。

各種格闘競技に適した若い時分にはこれに全力で取り組むことで、どんなルールでもいいから、戦うということを存分に経験する、ルールの中で技術を磨く。そして競技生活を終えたなら、それまでに学んだ技術を武術の技に昇華させる。そうして生涯にわたって自らの技術向上を目指して武の道を歩み続ける。これに至って初めて武道ということができるのであり、武の道を歩み続ける中で磨かれていくのが精神であるのだと思います。

誰も傷つけず、罪を犯させない

最近では、競技生活を引退した後も、目標をもって稽古を続けられるよう、新たに武器術、沖縄の古武道を指導メニューに取り入れる空手道場が増えているようです。武器を使った攻撃などは、当然ながらどんな格闘競技でもルール上認められるものではありません。武術の範疇に属する技術でしょう。

もちろん実生活の中で武器を使ったならば即逮捕されてしまいますが、それは武器を使わなくても同じことです。しかし自らが、あるいは大切な人が、もしくは他の誰かが命の危険にさらされたときに、きれいごとは言っていられません。何としても護らなくてはなりません。だからこそ人には、「強くなりたい」という本能ともいえる思いがあるのでしょう。

仮に、強くなるということとは別として、心を磨きたい、心を強くしたいのであれば、空手を選ばずとも、野球やサッカー、テニスなどのスポーツでも心を磨き、強靭な精神を涵養していくことができるでしょう。また、お寺に入って修行するという方法もあります。

一方、「強さ」を身につけた人間が危難に遭遇したとして、決して人を傷つけることなく、

そして誰にも罪を犯させずに事態を収めることができたなら、それに勝ることはありません。
久場良男師が若き日に、その師である渡口政吉師の道場「尚礼館」で指導員をしていた頃の渡口師の言葉に、次のようなものがあります。

「今の君の実力なら、危難に際して人を倒すことは簡単だろう。しかし、相手に（暴力という）罪を犯させるな。そして、自分も罪を犯すな。そこで何事もなかったように収められるような人間になりなさい」

危難に際し、決して人に罪を犯させることなく、もちろん自らも罪を犯すことなく取り押さえ、観念させる。その場を収める。平和を保つ。これは決して簡単なことでありません。

仮に競技としての空手道を極めた者であれば、危難に際し、ことによると暴漢をノックアウトできるかもしれません。身を護るにはそのほうが早いでしょう。しかし、それでも誰も傷つけるな、罪を犯させるなというのが、渡口師の、先人の教えなのです。それはとりもなおさず、発祥地である沖縄空手の教えなのでしょう。

そうした並大抵ではない、さらに上の次元の実力を身につけていくのは容易なことではありません。競技の中で身につけた打ち砕くような剛の強さを、包み込むような柔の強さに昇華させるべく、生涯にわたって武の道を追究、研鑽していくことが必要でしょう。圧倒的な実力に加えて、どのような状況にあっても自らを制御し、人を包み込むような人間性が求められるのだと思います。

それが「武道」というものであり、空手という「武術」を通じて自らを高めていく意義でしょう。武道とは、単に「敵を効果的、効率的に制するための格闘の技術を追究する道」ではなかったようです。

そう考えたとき、「空手」というものを選んだ人間にとって、競技スポーツとしての空手道の中で懸命に学んできた基本や型の動きが、少し目線を変えるだけでそのまま武術としての技術につながり、生涯にわたって武を追究し、自らを高め、平和に寄与する武道につながっていくものであるならば、これ以上のことはないでしょう。

そんな、競技スポーツとしての空手道と武術としての空手をつなぐ架け橋となる技術が、沖縄空手におけるミートゥディー、夫婦手の技法なのです。

夫婦手という仲睦まじい人間関係、平和を連想させる言葉には、単に技法の特長だけではなく、平和を志向する武術空手としての思いが込められているのかもしれません。

おわりに

空手発祥の地、沖縄で武術として伝承される空手を志す筆者が、その根本術理について多くの皆さんに知っていただきたいと考えたとき、本書のテーマを「ミートゥディー」とすることは自然なことでした。

筆者が師について学んできた技術を振り返ったとき、それはミートゥディーという言葉を使わずとも、全てはこれを前提としたものであると言っても過言ではない。そのくらい重要な技術であることに思い至ったからです。

しかし、繰り返し記してきた通り、ミートゥディーとは、その時々の状況に応じてさまざまに変化するものであり、決して固定されない。だからこそ、これを文章化して伝えるということは大変難しいものです。

本書を著すに際しては、前著に続き、本部朝基の『私の唐手術』を引用させていただきました。もともと口伝を通じた伝承形態により紡がれてきた武術としての空手。しかもさまざまな表現方法が溢れる現在とは異なり、昭和初期という時代にあって、昔気質の、そして常に実戦を重んじてきた本部が、空手の根本術理とも言えるミートゥディーを果敢に文章化して、今日に残してくれたことの功績は計り知れません。

本部の著述があったからこそ、筆者自身、自らが学ぶ剛柔流拳法の、武術として伝承される沖縄空手の根本術理を、自分なりに考察することができたのです。

そんな空手の根本術理について、さまざまな表現方法を与えられた、今の時代に生きる筆者が伝えられることは何なのか？　それが、本来はただひたすらに日々の稽古に専心すべき筆者が、あえてペンを執ることの意義でした。師に学んできた技術の根底に流れる術理を、それに触れたときの感動を、空手道、いえ、全ての武道を志す人たちと分かち合うことができたなら。

結果、非才な筆者の拙文が、ミートゥディーというものの本質をどこまで伝えることができたかはわかりません。筆者自身の稽古がまだまだ至らないということもあるでしょう。

しかし、本書を書き進める中で、確信として浮かび上がってきたこと。それは、ミートゥディーこそは、競技スポーツとしての空手道と沖縄で武術として伝承される空手をつなぐ架け橋となるものであり、生涯にわたって武の道を追究し、自らを高めていくことのできる明確な「技術」であるということです。

本来はそうした技術について記していくつもりの本書でしたが、ペンを進めるうちに、技術について書くのと同時に、僭越な話ではありますが、実は武道を志す全ての人へのエールをしたためているのではないか、そんな気持ちになっている自分に気がつきました。それはとりもなおさず、空手の道を生涯にわたって歩み続けたいと希望する筆者自身へのエールともなりました。

強くなりたい。若き日に誰もが胸に抱く夢を、生涯追い続けていくことができたとしたならば、どれほど幸せな人生でしょうか。仮に競技生活を卒業したとしても、それは武の修行を卒業するということではありません。それまで懸命に学んできたことを別の技術に転換し、さらなる武のステージを歩むための、新たな出発点なのです。

幾世代もの年代を超えて伝承されてきた武術空手の根本術理、その名も〝ミートゥディー〟。さまざまに変化するミートゥディーの技法を、さまざまに変化する武道人生のステージに合せて追究していくことができたなら、生涯にわたって夢を追い続けられる充実した人生につながっていくことでしょう。

夢を追い続けられるって、最高じゃない？
さぁ、今日も元気に稽古を始めるか。
そして、明日も仕事を頑張ろう！（笑顔）

令和３年11月
日本一の富士山の麓、御殿場にて

剛柔流拳法師範　佐藤哲治

著者◎佐藤 哲治 Sato Tetsuji

1971年生まれ。沖縄空手道拳法会静岡県支部・剛琉館館長。剛柔流拳法師範。本土の空手を学んだ後、沖縄古伝剛柔流空手拳法の久場良男師、新城孝弘師に師事。沖縄と地元の御殿場市を行き来しながら、自らの修練とともに、国内外を通じて指導にあたっている。著書に『沖縄空手の超接近技法』『沖縄古伝剛柔流拳法で解く！ 空手の不思議』(BABジャパン)、指導・監修DVDに『那覇手剛柔流空手で解く！首里手・泊手のナイハンチ』(BABジャパン) など。

資料写真協力 ● 本部流
技術写真モデル ● 佐藤哲治、梅川竜一
技術写真撮影 ● 中島ミノル
本文デザイン ● 澤川美代子
装丁デザイン ● やなかひでゆき

空手のミートゥディー〈夫婦手《めおとで》〉

「速さ」を超える「早さ」！ 千変万化の武術原理

2021 年 12 月 5 日　初版第 1 刷発行

著　者　　佐藤哲治
発行者　　東口敏郎
発行所　　株式会社 BAB ジャパン
〒 151-0073 東京都渋谷区笹塚 1-30-11　4・5F
TEL 03-3469-0135　FAX 03-3469-0162
URL http://www.bab.co.jp/
E-mail shop@bab.co.jp
郵便振替 00140-7-116767
印刷・製本　中央精版印刷株式会社

ISBN978-4-8142-0428-1 C2075